Wilhelm Klat

Soziale Normen und die Wohlfahrt einer Gesellschaft

Eine experimentell-ökonomische Studie
zur Bedeutung von sozialen Normen für die Höhe
und Verteilung der gesellschaftlichen Wohlfahrt

Diplomica Verlag GmbH

Klat, Wilhelm: Soziale Normen und die Wohlfahrt einer Gesellschaft: Eine experimentell-ökonomische Studie zur Bedeutung von sozialen Normen für die Höhe und Verteilung der gesellschaftlichen Wohlfahrt, Hamburg, Diplomica Verlag GmbH 2013

Buch-ISBN: 978-3-8428-9273-6
PDF-eBook-ISBN: 978-3-8428-4273-1
Druck/Herstellung: Diplomica® Verlag GmbH, Hamburg, 2013

Bibliografische Information der Deutschen Nationalbibliothek:
Die Deutsche Nationalbibliothek verzeichnet diese Publikation in der Deutschen Nationalbibliografie; detaillierte bibliografische Daten sind im Internet über http://dnb.d-nb.de abrufbar.

Das Werk einschließlich aller seiner Teile ist urheberrechtlich geschützt. Jede Verwertung außerhalb der Grenzen des Urheberrechtsgesetzes ist ohne Zustimmung des Verlages unzulässig und strafbar. Dies gilt insbesondere für Vervielfältigungen, Übersetzungen, Mikroverfilmungen und die Einspeicherung und Bearbeitung in elektronischen Systemen.

Die Wiedergabe von Gebrauchsnamen, Handelsnamen, Warenbezeichnungen usw. in diesem Werk berechtigt auch ohne besondere Kennzeichnung nicht zu der Annahme, dass solche Namen im Sinne der Warenzeichen- und Markenschutz-Gesetzgebung als frei zu betrachten wären und daher von jedermann benutzt werden dürften.

Die Informationen in diesem Werk wurden mit Sorgfalt erarbeitet. Dennoch können Fehler nicht vollständig ausgeschlossen werden und die Diplomica Verlag GmbH, die Autoren oder Übersetzer übernehmen keine juristische Verantwortung oder irgendeine Haftung für evtl. verbliebene fehlerhafte Angaben und deren Folgen.

Alle Rechte vorbehalten

© Diplomica Verlag GmbH
Hermannstal 119k, 22119 Hamburg
http://www.diplomica-verlag.de, Hamburg 2013
Printed in Germany

Inhaltsübersicht

Abkürzungsverzeichnis **10**
Tabellenverzeichnis **11**
Abbildungsverzeichnis **12**
1 Einleitung **13**
2 Stand der Forschung **17**
3 Theoretisches Rahmenwerk **21**
4 Experimentelles Design **25**
5 Ergebnisse des Experiments **43**
6 Diskussion **57**
7 Abschlussbetrachtung **65**
Literaturverzeichnis **69**
Anhang **75**

Inhaltsverzeichnis

Abkürzungsverzeichnis 10
Tabellenverzeichnis 11
Abbildungsverzeichnis 12
1 Einleitung 13
    1.1 Betriebswirtschaftliche Relevanz des Untersuchungsgegenstands 14
    1.2 Problemstellung und zielsetzende Forschungsfragen 14
    1.3 Methodische Vorgehensweise 16
2 Stand der Forschung 17
    2.1 Allgemeiner Literaturüberblick 17
    2.2 Maßgebliche experimentelle Studien 17
        2.2.1 Experimentelles Design bei Fehr/Fischbacher (2004) 18
        2.2.2 Experimentelles Design bei Bernhard et al. (2006) 20
3 Theoretisches Rahmenwerk 21
    3.1 Definition und Abgrenzung sozialer Normen 21
    3.2 Der rational handelnde Spieler (Kirchgässner 2008) 22
    3.3 Reziprozität (Falk/Fischbacher 2006) 22
    3.4 Equity, Reciprocity, and Competition (Bolton/Ockenfels 2000) 22
    3.5 Fairness, Competition, and Cooperation (Fehr/Schmidt 1999) 23
    3.6 Altruismus (Levine 1998) 23
    3.7 Pure Reciprocity und Fairness (Rabin 1993) 24
    3.8 Altruismus (Andreoni 1989) 24
4 Experimentelles Design 25
    4.1 Das Laborexperiment als Forschungsinstrument 25
        4.1.1 Vorteile von Laborexperimenten 25
        4.1.2 Nachteile von Laborexperimenten 26
        4.1.3 Bedingungen für Laborexperimente 28
    4.2 Aufbau des Experiments 28
        4.2.1 Das Diktatorspiel zur Modellierung von Verteilungsproblemen 29
        4.2.2 Experimentaufbau 30
        4.2.3 Treatments 34
        4.2.4 Fragebogen 35
        4.2.5 Vergleich zwischen Modell und Praxisbeispiel 35
    4.3 Herleitung der Hypothesen 35
        4.3.1 Hypothese zur Höhe der Wohlfahrt 36
        4.3.2 Hilfshypothesen zur Höhe der Wohlfahrt 36
        4.3.3 Hypothese zur Verteilung der Wohlfahrt 37
    4.4 Theoretische Vorhersagen 37
        4.4.1 Der rational handelnde Spieler (Kirchgässner 2008) 38
        4.4.2 Reziprozität (Falk/Fischbacher 2006) 39
        4.4.3 Equity, Reciprocity, and Competition (Bolton/Ockenfels 2000) 39
        4.4.4 Fairness, Competition, and Cooperation (Fehr/Schmidt 1999) 39
        4.4.5 Theorie des Altruismus (Levine 1998) 39
        4.4.6 Theorie der Pure Reciprocity und Fairness (Rabin 1993) 40
        4.4.7 Altruismus (Andreoni 1989) 40
    4.5 Durchführung 40

5 Ergebnisse des Experiments 43
5.1 Deskriptive Ergebnisse 43
5.1.1 Variablen und Ausgang der Treatments 43
5.1.2 Entscheidungen und Erwartungen im Treatment 1 45
5.1.3 Entscheidungen und Erwartungen im Treatment 2 47
5.1.4 Vergleich der Erwartungen 47
5.1.5 Vergleich der strategischen Sanktion 48
5.1.6 Vergleich der Einkommensverteilung 49
5.2 Ermittlung der sozialen Norm 50
5.3 Prüfung der Hypothesen 51
5.3.1 Hypothese zur Höhe der Wohlfahrt 52
5.3.2 Hilfshypothese zur Normeinhaltung 52
5.3.3 Hilfshypothese zum Sanktionsverhalten 53
5.3.4 Hypothese zur Verteilung der Wohlfahrt 54

6 Diskussion 57
6.1 Vergleich mit Fehr/Fischbacher (2004) 57
6.2 Vergleich mit Bernhard et al. (2006) 59
6.3 Vergleich mit Kirchgässner (2008) 60
6.4 Vergleich mit Falk/Fischbacher (2006) 61
6.5 Vergleich mit Bolton/Ockenfels (2000) 62
6.6 Vergleich mit Fehr/Schmidt (1999) 62
6.7 Vergleich mit Levine (1998) 63
6.8 Vergleich mit Rabin (1993) 63
6.9 Vergleich mit Andreoni (1989) 63

7 Abschlussbetrachtung 65
7.1 Fazit 65
7.2 Handlungsempfehlungen für die Praxis 67
7.3 Identifizierter Forschungsbedarf 68

Literaturverzeichnis 69

Anhang 75
Anhang 1: Definitionen von sozialen Normen 75
Anhang 2: Hypothesentest zur Höhe der Wohlfahrt 77
Anhang 3: Hypothesentest zur Normeinhaltung 78
Anhang 4: Hypothesentests zum Sanktionsverhalten 79
    Anhang 4.1: C2A0 79
    Anhang 4.2: C2A10 80
    Anhang 4.2: C2A10* 81
    Anhang 4.3: C2A20 82
    Anhang 4.4: C2A30 83
    Anhang 4.5: C2A40 84
    Anhang 4.6: C2A50 85
    Anhang 4.7: C2A60 86
    Anhang 4.8: C2A70 87
    Anhang 4.9: C2A80 88
    Anhang 4.10: C2A90 89
    Anhang 4.11: C2A100 90
Anhang 5: Hypothesentest zur Verteilung der Wohlfahrt 91

Anhang 6: Instruktionen für Treatment 1 92
Anhang 7: Instruktionen für Treatment 2 96
Anhang 8: Vollständige Variablenübersicht... 101
Anhang 9: Bildschirmansicht des Experiments 103

Abkürzungsverzeichnis

Fe/Fi	Fehr/Fischbacher
BaER Lab	Business and Economic Research Laboratory: Labor für experimentelle Wirtschaftsforschung an der Universität Paderborn
ORSEE	Online Recruitment System for Economic Experiments
T1	Treatment 1
T2	Treatment 2

Tabellenverzeichnis

Tabelle 1: Theoretische Vorhersagen für den Transfer und die Sanktion. 38
Tabelle 2: Biografische Übersicht der Spieler beider Treatments. 41
Tabelle 3: Zusammengefasste Übersicht zu den wichtigsten Variablen. 43
Tabelle 4: Ausgang des Experiments im T1 und T2. 44
Tabelle 5: Messergebnisse zur sozialen Norm. 50
Tabelle 6: Vollständiger Verhaltensplan der Drittpartei... 53
Tabelle 7: Berechnung des Punkteverhältnis zwischen Empfänger und Diktator..... 55
Tabelle 8: Vollständige Variablenübersicht. 102

Abbildungsverzeichnis

Abbildung 1: Grundlegender Aufbau des Experiments. 30
Abbildung 2: Grafische Hypothesenübersicht. 36
Abbildung 3: Endpunktestände der Gruppen und Parteien im Treatmentvergleich... 45
Abbildung 4: Erwarteter und strategischer Punktabzug beim Diktator im T1. 46
Abbildung 5: Erwarteter und strategischer Punktabzug beim Diktator im T2. 47
Abbildung 6: Der erwartete Punktabzug beim Diktator. 48
Abbildung 7: Der strategische Punktabzug bei Diktator und Empfänger. 49
Abbildung 8: Vergleich der Einkommensverteilung. 50
Abbildung 9: Relative Häufigkeit der Transferbeträge. 57
Abbildung 10: Anteil der sanktionierenden Drittparteien. 58
Abbildung 11: Strategische Sanktion beim Diktator im Vergleich mit der Literatur. 59
Abbildung 12: Vom Diktator erwarteter Endpunktestand. 61

1 Einleitung

Soziale Normen spielen für das Zusammenleben von Menschen eine wichtige Rolle und lassen sich in allen Lebenssituationen wiederfinden. Die Literatur verwendet aufgrund der großen Bedeutung von sozialen Normen oftmals metaphorische Bezeichnungen wie beispielsweise Zement oder Kleber, der eine Gesellschaft zusammenhält und verhindert, dass sie in Chaos und Krieg stürzt (Elster 1989: 1), die Grammatik der Gesellschaft (Bicchieri 2006) oder das Pferd (Norm), das den Karren (menschliches Verhalten) zieht (Krupka/Weber 2008: 2). Auch für das menschliche Verhalten in ökonomischen Situationen sind soziale Normen von zentraler Bedeutung. Fairness, eine gerechte Verteilung von Einkommen und auf Gegenseitigkeit beruhende Zusammenarbeit sind nur einige von zahlreichen Beispielen, die sich für die besondere Rolle von sozialen Normen für ökonomisches Verhalten anführen lassen. Neben der vielzitierten theoretischen Figur des *homo economicus*, der von instrumenteller Rationalität gesteuert ist, findet sich in der Literatur auch die kontrastierende Figur des *homo sociologicus*, dessen Verhalten von sozialen Normen diktiert wird (Elster 1989: 97). Während der Erstere seit geraumer Zeit von Ökonomen studiert wird, steht die ökonomische Betrachtung des Letzteren erst an ihren Anfängen (Krupka/Weber 2008: 1). Bis heute ist nicht hinreichend bekannt, wie sich soziale Normen bilden, wodurch ihr Inhalt determiniert ist, wann und wie sie sich verändern oder wie soziale Normen unser Gerechtigkeitsempfinden beeinflussen (Fehr/Fischbacher[1] 2004: 64). Soziale Normen sind bislang eines der großen ungelösten Probleme in der Verhaltens- und zunehmend auch in der ökonomischen Forschung (ebd).

In diesem Zusammenhang ist ebenfalls unklar, welche Bedeutung soziale Normen für die Wohlfahrt einer Gesellschaft, die Summe aller Einkommen, haben. Aus der jüngeren experimentellen Evidenz geht hervor, dass soziale Sanktionen bei Verletzungen gegen eine soziale Norm die Wohlfahrt einer Gesellschaft kurzfristig reduziert (Fe/Fi 2004; Bernhard et al. 2006; Goette et al. 2006).[2] Eine Sanktion führt dann zu Einkommensverlusten sowohl beim Verursacher der Normverletzung, als auch bei der sanktionierenden Partei, die selbst einen Teil ihres Einkommens für die Sanktion aufgibt. Mit diesem wohlfahrtsreduzierenden Effekt von sozialen Sanktionen befasst sich die vorliegende Arbeit und zeigt mit Hilfe experimenteller Methodik auf, dass sich die Kommunikation einer sozialen Norm unter den Parteien einer Gesellschaft positiv sowohl auf die Höhe als auch auf die Verteilung der Wohlfahrt auswirken kann.

---

[1] Nachfolgend als Fe/Fi abgekürzt.
[2] Diese Feststellung ergibt sich aus den durch die Sanktion reduzierten Endpunkteständen bei Spielern.

1.1 Betriebswirtschaftliche Relevanz des Untersuchungsgegenstands

Die hohe Relevanz der Kommunikation sozialer Normen für die betriebswirtschaftliche Praxis wird anhand des folgenden Beispiels ersichtlich, das in dieser oder ähnlicher Form häufig in der realen Wirtschaftswelt anzutreffen ist.

Praktisches Beispiel

Ein Mitarbeiter kommt neu in ein Unternehmen, das aus mehreren Abteilungen besteht und eine eigene Unternehmenskultur[3] besitzt. Aus dieser Unternehmenskultur, die feste Verhaltensregeln für alle Mitarbeiter vorgibt, wird auch die Erwartungshaltung der Vorgesetzten und Kollegen an das Verhalten des neuen Mitarbeiters abgeleitet. In diesem Beispiel schreibt die Unternehmenskultur vor, dass erhaltenes Trinkgeld unter allen Mitarbeitern in einer Abteilung aufgeteilt wird, um auch den Mitarbeitern ohne direkten Kundenkontakt einen monetären Leistungsanreiz zu bieten. Verstößt der neue Mitarbeiter bei Arbeitsantritt z.B. aus Unwissenheit gegen diese informelle Vorschrift[4], dann drohen ihm informelle Sanktionen der Kollegen oder des Vorgesetzten. Informelle Sanktionen können vielfältiger Natur sein (Bicchieri 2006: 8). In diesem Beispiel resultiert das negative Auffallen des neuen Mitarbeiters in einem Ausschluss aus dem unternehmensinternen Beförderungsturnier. Er wird somit für die zukünftige Besetzung von höheren Positionen im Unternehmen nicht berücksichtigt. Aus dieser Sanktion ergibt sich ein ökonomischer Schaden sowohl für den neuen Mitarbeiter, der auf zukünftige Gehaltserhöhungen verzichten muss, als auch für das Unternehmen, das bei der Besetzung freiwerdender Stellen auf einen potentiellen Kandidaten verzichtet.

An dieser Stelle lässt sich die Frage aufwerfen, ob die Sanktionierung des neuen Mitarbeiters und damit der ökonomische Schaden hätte verhindert werden können, in dem die informelle Vorschrift zur Verteilung des Trinkgelds (soziale Norm) an den neuen Mitarbeiter im Vorfeld kommuniziert worden wäre. Dieses Beispiel wird am Ende dieser Arbeit wieder aufgegriffen, um aus den Erkenntnissen dieser Untersuchung praktische Handlungsempfehlungen für betriebswirtschaftliche Probleme abzuleiten.

1.2 Problemstellung und zielsetzende Forschungsfragen

Aus dem beschriebenen Problem der wohlfahrtsreduzierenden Sanktionen bei (unbeabsichtigten) Normverletzungen werden für die nachfolgende experimentelle Untersuchung drei

---

[3] Siehe auch Pfister (2009): 33-44.
[4] Kann als sozialen Norm interpretiert werden und ist das Gegenstück zur kodifizierten formellen Norm aus der Gesetzgebung (Bicchieri 2006: 8).

Problemstellungen identifiziert und im Anschluss entsprechende zielsetzende Forschungsfragen abgeleitet.

(1) Die erste Problemstellung wendet sich der kurzfristigen Reduktion von gesellschaftlicher Wohlfahrt aufgrund von sozialen Sanktionen zu. Aus experimenteller Evidenz geht eine mögliche Wohlfahrtsreduktion von durchschnittlich bis zu 37%[5] hervor, wenn Drittparteien beobachtete Normverletzungen sanktionieren (Fe/Fi 2004: 68).

Die erste zielsetzende Forschungsfrage zielt daher auf die Höhe der Wohlfahrt ab und eruiert, ob die Kommunikation sozialer Normen an alle Mitglieder einer Gesellschaft zu einer Reduktion von informellen Sanktionen und somit zu einer Erhöhung der gesellschaftlichen Wohlfahrt führen kann.

(2) Die zweite Problemstellung betrifft die Ungleichverteilung der Wohlfahrt in einer Gesellschaft. Experimentelle Evidenz zeigt auf, dass die Verteilung von Einkommen in sehr kleinen Gesellschaften einer hohen Disparität unterliegt. So liegt der durchschnittliche Transferbetrag eines Diktators im Diktatorspiel[6] bei etwa 20%, je nach experimentellem Design zwischen 10% und 52% (Camerer 2003: 57-58). Hieraus ergibt sich eine ungleiche Verteilung von Einkommen zwischen zwei Interaktionsparteien im Verhältnis von 4:1.

Die zweite zielsetzende Forschungsfrage betrachtet demnach die Verteilung der Wohlfahrt und untersucht, ob die Kommunikation sozialer Normen Disparitäten in der Wohlfahrtsverteilung reduzieren kann.

(3) Als dritte Problemstellung wird die schwere Messbarkeit von sozialen Normen identifiziert (Krupka/Weber 2008: 1). Bislang existiert kaum ökonomische Literatur, die soziale Normen tatsächlich misst und operationalisiert. Häufig werden hypothetische Annahmen zur vorherrschenden sozialen Norm getroffen. So haben Fe/Fi (2004) und Bernhard et al. (2006) in ihren experimentellen Untersuchungen anhand eines Diktatorspiels mit Drittpartei die hypothetische Annahme getroffen, dass eine egalitäre Verteilungsnorm in ihren Modellen gilt (Fe/Fi 2004: 63; Bernhard et al. 2006: 218). Eine solche hypothetische Annahme unterstellt, dass alle Parteien einer Gesellschaft im Mittelwert ein Interesse an einer gleichmäßigen Verteilung von Einkommen besitzen.

---

[5] Berechnung: $\frac{14+42}{150}$, entspricht dem durchschnittlichen Schaden der Sanktionierung beim Diktator für einen Transfer von 0 Punkten im Diktatorspiel mit Drittpartei von Fe/Fi (2004).
[6] Erläuterung des Diktatorspiels in Abschnitt 4.2.1.

Daraus folgend untersucht die dritte zielsetzende Forschungsfrage die in der Literatur hypothetisch angenommene egalitäre Verteilungsnorm und unternimmt den Versuch einer Messung und Operationalisierung der sozialen Norm.

1.3 Methodische Vorgehensweise

Für die Untersuchung der beschriebenen Problemstellung und Beantwortung der zielsetzenden Forschungsfragen bedient sich die vorliegende Arbeit ökonomisch-experimenteller Methodik. Dem hierfür durchgeführten Experiment liegen die Studien von Fe/Fi (2004) und Bernhard et al. (2006) als Referenzwerke zugrunde, die das Normdurchsetzungsverhalten von Drittparteien untersucht haben. Die Forschungsfragen, eingesetzten Methoden und Untersuchungsergebnisse beider Studien werden zusammen mit einem allgemeinen Literaturüberblick ausführlich vorgestellt (Kapitel 2). Weiterhin existieren in der Literatur relevante Theorien, die identifiziert und erläutert werden, sowie im späteren Verlauf der Arbeit auf ihre Vorhersagekraft für das Verhalten der Probanden im Experiment geprüft werden (Kapitel 3). Aufbauend auf das von Fe/Fi (2004) und Bernhard et al. (2006) entwickelte experimentelle Design wird ein eigenes Experiment bestehend aus zwei Treatments konstruiert und Hypothesen für die Beantwortung der zielsetzenden Forschungsfragen aufgestellt (Kapitel 4). Die Darstellung und Analyse der Untersuchungsergebnisse erfolgt einerseits deskriptiv und andererseits mit einer nicht-parametrischen Überprüfung der aufgestellten Hypothesen (Kapitel 5). Ein Vergleich der vorliegenden Ergebnisse mit der Literatur und eine abschließende Betrachtung der vorliegenden Untersuchung runden die Arbeit ab (Kapitel 6 und 7).

Diese Arbeit ist aus Gründen der besseren Lesbarkeit ausschließlich in männlicher Form formuliert. Es sind jedoch stets männliche und weibliche Personen gemeint. Weiterhin wird ein Mensch, der sich in einer ökonomischen Situation befindet und einkommensrelevante Entscheidungen trifft, im Folgenden als Spieler bezeichnet.

2 Stand der Forschung

Dieses Kapitel stellt den aktuellen Stand der Forschung im ökonomischen Forschungsgebiet der sozialen Normen vor. Hierfür wird zunächst ein kurzer allgemeiner Literaturüberblick gezeigt. Im Anschluss werden die experimentellen Studien von Fe/Fi (2004) und Bernhard et al. (2006) vorgestellt, die dieser Arbeit als Referenzwerke zugrunde liegen.

2.1 Allgemeiner Literaturüberblick

Soziale Normen als ökonomischer Untersuchungsgegenstand werden in der Literatur aus diversen Blickwinkeln betrachtet. So finden sich zahlreiche Veröffentlichungen, die vor allem die Normdurchsetzung im Fokus der Betrachtung haben (siehe Kandori 1992, Fehr/Gächter 2002, Fowler 2005, Carpenter/Matthews 2010). Studien aus diesem Betrachtungswinkel untersuchen u.a. die Sanktionierung von Normverletzungen durch Zweit- und Drittparteien und kooperatives Verhalten zwischen Spielern. Andere Veröffentlichungen wiederum betrachten soziale Normen hinsichtlich ihrer Bedeutung für ökonomische Theorien (siehe Elster 1989, Axelrod 1986, Opp 1979, Fehr et al. 2002, Boytsun et al. 2011). Auch interdisziplinäre Untersuchungen in Verbindung mit psychologischen, soziologischen oder juristischen Disziplinen lassen sich in der Literatur finden (siehe Posner 1997, Clavien/Klein 2010, Opp 1979). Bei genauerer Betrachtung der eingesetzten Methodik fällt auf, dass frühere Studien überwiegend rein theoretische Ansätze aufzeigen (siehe McGrath 1984, Birenbaum/Sagarin 1976, Raven/Rubin 1976). Aktuellere Studien hingegen ziehen häufig empirische bzw. experimentelle Ansätze für die Beantwortung ihrer Forschungsfragen heran (siehe Fe/Fi 2004, Goette et al. 2006, Krupka/Weber 2008). Für die Zukunft werden insbesondere Studien mit experimentellem Hintergrund erwartet.

2.2 Maßgebliche experimentelle Studien

Die Grundlage für die vorliegende Untersuchung bilden die experimentellen Studien von Fe/Fi (2004) und Bernhard et al. (2006). Das von Fe/Fi (2004) entworfene experimentelle Design zur Untersuchung von Drittparteibestrafung stellt das Fundament des in dieser Arbeit einwickelten experimentellen Designs dar. Das experimentelle Design von Bernhard et al. (2006) ist eine leicht abgeänderte Version von Fe/Fi (2004) und wurde im Feld eingesetzt. Die experimentellen Designs beider Studien werden an dieser Stelle vorgestellt und im weiteren Verlauf der Arbeit für die Entwicklung eines eigenen Experiments herangezogen.

2.2.1 Experimentelles Design bei Fehr/Fischbacher (2004)

Fe/Fi (2004) untersuchten in ihrer experimentellen Studie das Sanktionsverhalten von Zweit- und Drittparteien. Hierfür haben sie das Diktatorspiel[7] um eine Drittpartei mit Sanktionsmöglichkeiten gegenüber dem Diktator erweitert und es mit insgesamt 66 Studierenden der Universität Zürich und der Eidgnössischen Technischen Hochschule Zürich durchgeführt. Ihre zentrale Fragestellung befasste sich mit der Charakteristik und relativen Stärke von Sanktionen durch die Drittpartei (Fe/Fi 2004: 63). Im experimentellen Design von Fe/Fi (2004) spielten drei Spieler[8] (Spieler A, Spieler B und Spieler C) einer Spielergruppe zusammen. Spieler A erhielt eine Anfangsausstattung von 100 Punkten und musste entscheiden, wie viele Punkte er an Spieler B transferiert. Er konnte zwischen 0 und 50 Punkten in Schritten von 10 Punkten an Spieler B transferieren, der selbst keine Anfangsausstattung besaß. Spieler C erhielt eine Anfangsausstattung von 50 Punkten und konnte Spieler A nach eigenem Ermessen mit einem Punktabzug sanktionieren. Für die Sanktion musste Spieler C jedoch einen Teil seiner eigenen Anfangsausstattung im Verhältnis von 3:1 (3 Sanktionspunkte für jeden aufgegebenen Punkt) aufgeben. Die abgezogenen Punkte wurden vernichtet und keinem Spieler zugeschrieben. Spieler C konnte bis zu 50 Punkte für eine Sanktion aufwenden, was in einem maximalen Punktabzug von 150 Punkten bei Spieler A resultieren würde. Demnach waren negative Endpunktestände bei Spieler A möglich. Alle Spieler wurden zu Beginn des Experiments über die Rollen der Mitspieler, deren Auszahlungen und Entscheidungsmöglichkeiten informiert.

Die Eingabe von Entscheidungen und Abfragen im Experiment erfolgte rechnergestützt mit dem Programm z-Tree (Fischbacher 1999). Während die Eingabe der Transferentscheidung bei Spieler A anhand eines einfachen Eingabefeldes erfolgte, wurde für die Eingabe der Sanktionsentscheidung bei Spieler C mit der sog. Strategiemethode umgesetzt. Bei der von Selten (1967) entwickelten Strategiemethode gibt ein Spieler seine Entscheidung für alle möglichen Entscheidungssituationen an, auf die er treffen könnte und liefert dem Experimentator damit einen vollständigen und genauen Verhaltensplan (Selten 1967: 137). Unter einem Verhaltensplan versteht Selten (1967) eine von Spielern entwickelte Strategie, die Entscheidungen für alle im Spiel vorgesehenen Möglichkeiten ohne Informationen über das Verhalten der Mitspieler liefert (Selten 1967: 138). Fe/Fi (2004) weisen darauf hin, dass sich das im Verhaltensplan erfasste Sanktionsverhalten des Spielers C von dem tatsächlichen Verhalten als Reaktion auf einen Transferbetrag unterscheiden könnte (Fe/Fi 2004: 67). Der Einfluss der Strategiemethode auf das Entscheidungsverhalten von Spielern ist zwar bislang nicht hinreichend untersucht, jedoch zeigen einige Studien keinen signifikanten

---

[7] Erläuterung des Diktatorspiels in Abschnitt 4.2.1.
[8] Spieler A: Diktator, Spieler B: Empfänger, Spieler C: Drittpartei.

Verhaltenseinfluss der Strategiemethode auf (Brandts/Charness 1998: 232, Cason/Mui 1998: 261)

In dem Experiment von Fe/Fi (2004) trifft Spieler C seine Sanktionentscheidung parallel zu der Transferentscheidung von Spieler A für alle möglichen Transferbeträge. Hierdurch war es Fe/Fi (2004) möglich, das Verhalten von Spieler C anhand des Verhaltensplans genauer zu analysieren als bei einer einzigen Entscheidungseingabe als Reaktion auf den beobachteten Transfer. Neben Entscheidungen wurden im Experiment auch Erwartungen abgefragt. Spieler B musste das Verhalten seiner Mitspieler anhand von Abfragen einschätzen. Diese Einschätzung umfasste den erwarteten Tranferbetrag von Spieler A und die erwartete Sanktion von Spieler C bei Spieler A für alle möglichen Transferbeträge.

Das experimentelle Design von Fe/Fi (2004) sah eine anonyme Interaktion der Teilnehmer und ein neutrales Framing vor. Kein Spieler erfuhr demnach die Identität seiner Mitspieler und die Beschreibung des Experiments gegenüber den Probanden war neutral. So wurden beispielsweise die Bezeichnungen Diktator, Empfänger, Drittpartei und Bestrafung durch die Bezeichnungen Spieler A, Spieler B, Spieler C und Punktabzug ersetzt. Die Auszahlung der Spieler setzte sich aus der Show-up fee von umgerechnet US$ 8 und dem entscheidungsabhängigen Endpunktestand zusammen, der mit einem Umrechnungskurs in US$ umgerechnet wurde. Im Durchschnitt erhielten die Spieler eine Auszahlung von umgerechnet US$ 17.

Fe/Fi (2004) treffen in ihrer Studie die hypothetische Annahme, dass eine egalitäre Verteilungsnorm im Diktatorspiel vorherrscht (Fe/Fi 2004: 63). Demnach stellen Transferbeträge von Spieler A unter 50% seiner Anfangsausstattung eine Normverletzung und Transferbeträge von genau 50% eine Normeinhaltung dar.

Ergebnisse

Fe/Fi (2004) kamen zu dem interessanten Ergebnis, dass Drittparteien eine beobachtete Normverletzung auch dann sanktionieren, wenn sie selbst nicht von der Normverletzung betroffen sind, aus der Sanktion keinen monetären Vorteil beziehen und hierfür einen Teil ihres Einkommens aufgeben müssen (Fe/Fi 2004: 63). Etwa 60% der Drittparteien zeigen eine Sanktionsbereitschaft auf und geben im Durchschnitt bis zu 28% ihrer Ausstattung für die Sanktion auf (ebd). Die Bereitschaft der Drittpartei zur Sanktionierung des Diktators steht dabei im Widerspruch zur Figur des *homo economicus*, der durch die instrumentelle Rationalität ausschließlich an seiner eigenen monetären Auszahlung interessiert ist. Gemäß dieser Figur würde eine Drittpartei in keinem Fall eigenes Einkommen für eine Sanktion bei Mitspielern aufgeben.

2.2.2 Experimentelles Design bei Bernhard et al. (2006)

Bernhard et al. (2006) untersuchten ebenfalls das Sanktionsverhalten von Drittparteien und interessierten sich in diesem Zusammenhang für den Effekt von Gruppenzugehörigkeit auf die Sanktionsbereitschaft (Bernhard et al. 2006: 217). Hierfür führten sie Laborexperimente in Papua-Neuguinea durch, einem Land, in dem das Zusammenleben der Menschen stark von sozialen Normen innerhalb der Stammeskultur geprägt ist und niedergeschriebene Gesetze in Stämmen eher selten anzutreffen sind (Bernhard et al. 2006: 218). Die von Bernhard et al. (2006) durchgeführten Experimente basieren auf dem experimentellen Design des Diktatorspiels mit Drittpartei von Fe/Fi (2004), das an einigen Stellen verändert wurde. Die Spieler wurden anstatt in Punkten mit der Währung Papua-Neuguineas, in Kina, ausgestattet. Der Diktator erhielt 10 Kina und konnte zwischen 0 und 10 Kina in Schritten von einem Kina an den Empfänger transferieren, der mit 0 Kina ausgestattet wurde. Die Drittpartei erhielt eine Ausstattung von 5 Kina und konnte 0, 1 oder 3 Kina für die Sanktionierung des Diktators aufgeben. Hierbei ist anzumerken, dass die Anfangsausstattung von 10 Kina einem hohen Tageslohn eines Arbeiters in Papua-Neuguinea entspricht. Die Beträge im Experiment und die sich daraus ergebenen monetären Anreize für Spieler waren bei Bernhard et al. (2006) vergleichsweise höher als bei Fe/Fi (2004). Die Entscheidung der Drittpartei wurde bei Bernhard et al. (2006) nicht mit der Strategiemethode umgesetzt. Die Drittpartei entschied über eine Sanktion erst nachdem sie über den tatsächlichen Transfer des Diktators informiert wurde. In verschiedenen Treatments wurde die Zusammensetzung der Gruppe hinsichtlich der Stammeszugehörigkeit von Spielern variiert und Unterschiede im Verhalten der Drittpartei beobachtet.

Ergebnisse

Bernhard et al. (2006) konnten in ihrer Studie die von Fe/Fi (2004) beobachtete Sanktionsbereitschaft von Drittparteien bestätigen. Weiterhin fanden sie heraus, dass Drittparteien eine besonders hohe Sanktionsbereitschaft aufzeigen, wenn der Empfänger der eigenen und der Diktator einer anderen Gruppe angehört. Als Erklärungsansatz stellten Bernhard et al. (2006) die Vermutung auf, dass Menschen eine Neigung zum besonderen Schutz von Mitgliedern der eigenen Gruppe gegenüber Normverletzungen von Außenstehenden aufweisen (Bernhard et al. 2006: 221).

3 Theoretisches Rahmenwerk

In diesem Kapitel wird das theoretische Rahmenwerk für die vorliegende Untersuchung konstruiert. Zunächst wird eine Definition der sozialen Norm aus der Literatur gewonnen und von anderen Normen abgegrenzt. Im Anschluss daran werden einige dem Untersuchungsgegenstand zugrunde liegende Theorien vorgestellt. Diese Theorien dienen im späteren Verlauf für theoretische Vorhersagen zum Verhalten der Spieler im Experiment.

3.1 Definition und Abgrenzung sozialer Normen

Soziale Normen als Untersuchungsgegenstand in der ökonomischen Forschung lassen sich bis in die sechziger Jahre zurückverfolgen (Opp 1979: 783). Bis heute finden sich zahlreiche Definitionen für eine soziale Norm.[9] In dieser Arbeit wird vorrangig die Definition von Axelrod (1986) verwendet:

> "A norm exists in a given social setting to the extent that individuals usually act in certain way and are often punished when seen not to be acting in this way" (Axelrod 1986: 1097).

Aus dieser Definition lassen sich drei Merkmale einer sozialen Norm ableiten, die für die vorliegende Arbeit von zentraler Bedeutung sind. (1) Eine soziale Norm existiert immer nur in einem gegebenen sozialen Umfeld und variiert mit Änderung des gegebenen sozialen Umfelds. (2) Die soziale Norm zielt auf das Verhalten von Individuen ab und (3) wird mit einer Sanktion durchgesetzt.

Soziale Normen müssen von einer Reihe anderer Normen abgegrenzt werden. So unterscheiden sich soziale Normen von moralischen dahingehend, als dass moralische Normen oftmals nur den moralischen Wert der Konsequenzen einer Handlung betrachten und die Handlung an sich außer Acht lassen (Elster 1989: 100). Bei sozialen Normen spielt jedoch die Handlung eine zentrale Rolle. Ferner müssen soziale Normen von gesetzlichen unterschieden werden. Gesetzliche Normen werden von Spezialisten, wie beispielsweise Richtern und Staatsanwälten durchgesetzt, die kein eigenes Interesse an der Sanktionierung besitzen (ebd). Sie setzen Normen aufgrund ihrer beruflichen Verpflichtung durch. Verletzungen sozialer Normen können hingegen von allen Mitgliedern einer Gruppe sanktioniert werden. Soziale Normen unterscheiden sich auch von privaten insofern, als dass private Normen nicht zwangsläufig mit anderen Mitgliedern einer Gruppe geteilt werden (ebd). Soziale Normen können hingegen nur in einer Gruppe bestehen.

---

[9] Eine Reihe von populären Definitionen der sozialen Norm findet sich in Anhang 1.

3.2 Der rational handelnde Spieler (Kirchgässner 2008)

Kirchgässner beschreibt einen rational handelnden Spieler, der zwischen möglichen Entscheidungsalternativen immer diejenige Entscheidung trifft, die ihm den maximalen Nutzen liefert (Kirchgässner 2008: 12). Der Nutzen des Spielers muss dabei nicht ausschließlich monetärer Natur sein, sondern kann je nach persönlichen Präferenzen auch nichtökonomische Kategorien enthalten (Kirchgässner 2008: 14). Die Rationalität bei einer Entscheidung basiert auf der Annahme, dass ein Spieler in der Lage ist, seine Entscheidungsalternativen feststellen und bewerten zu können, um eine angemessene Entscheidung zu treffen (Kirchgässner 2008: 15). In der Regel fehlt es Spielern jedoch an vollständigen Informationen, da die Akquise von Informationen mit Suchkosten verbunden ist (Kirchgässner 2008: 16). Kirchgässner spricht in diesem Zusammenhang auch vom Konzept der „bounded rationality", die sich auf die Überlegungen von Herbert A. Simon (1955) zurückführen lässt (Simon 1955: 99-100). Hierbei trifft ein Spieler aufgrund der hohen Komplexität seines Umfelds und eingeschränkter Informationen immer nur bedingt rationale Entscheidungen unter Untersicherheit.

3.3 Reziprozität (Falk/Fischbacher 2006)

Falk/Fischbacher (2006) beschreiben einen Spieler als reziprok, wenn er (1) freundliche Handlungen von Mitspielern belohnt und (2) unfreundliche Handlungen sanktioniert (Falk/Fischbacher 2006: 293). Die Freundlichkeit einer Handlung wird dabei nicht nur aus der Handlungskonsequenz, sondern auch aus der ihr zugrundeliegenden Handlungsabsicht evaluiert (ebd). Falk/Fischbacher (2006) finden experimentell heraus, dass Handlungen mit gleichen Handlungskonsequenzen unterschiedliche Reaktionen hervorrufen (Falk/Fischbacher 2006: 309). Sie konnten nachweisen, dass die Handlungsabsicht bei der Einschätzung der Freundlichkeit einer Handlung eine bedeutende Rolle spielt und zu unterschiedlichen Reaktionen auf Handlungen mit identischen Handlungskonsequenzen führen kann (ebd).

3.4 Equity, Reciprocity, and Competition (Bolton/Ockenfels 2000)

In ihrer Theorie beschreiben Bolton/Ockenfels (2000) die Motivation eines Spielers durch (1) die eigene Auszahlung und (2) dem Verhältnis der eigenen Auszahlung zur gemeinschaftlichen Auszahlung (Bolton/Ockenfels 2000: 166). Weicht die eigene Auszahlung des Spielers in beliebige Richtung vom egalitären Niveau[10] ab, dann wird der Spieler versuchen seine Auszahlung zu erhöhen oder zu reduzieren, bis seine Auszahlung auf dem egalitären

---

[10] Entspricht einer Verteilung von $\frac{1}{N}$, wobei N die Anzahl der Spieler darstellt.

Niveau liegt. Genau dann ist der Nutzen des Spielers maximal. Die Einkommensverteilung zwischen den Mitspielern spielt hierbei jedoch keine Rolle.

3.5   Fairness, Competition, and Cooperation (Fehr/Schmidt 1999)

Fehr/Schmidt (1999) beschreiben die Ungleichheitsaversion als Treiber für das Verhalten eines Spielers. So ist ein Spieler ungleichheitsavers, wenn er eine Abneigung für unausgewogene Auszahlungen zwischen allen beteiligten Spielern empfindet (Fehr/Schmidt 1999: 820). Er ist demnach daran interessiert, die Höhe seiner eigenen Auszahlung an die Auszahlungen anderer beteiligter Personen in positive oder negative Richtung anzupassen (Fehr/Schmidt 1999: 821). Anders als bei Bolton/Ockenfels (2000) ist bei der Theorie von Fehr/Schmidt (1999) der relative Vergleich einzelner Auszahlungen entscheidend. Maßgeblich für das Ungleichheitsempfinden eines Spielers ist seine eigene Auszahlung im Vergleich zu den individuellen Einzahlungen aller beteiligten Spieler. Selbst, wenn ein Spieler eine egalitäre Auszahlung nach Bolton/Ockenfels (2000) erhält, ist er nach Fehr/Schmidt (1999) weiterhin daran interessiert, seine eigene Auszahlung an die individuellen Auszahlungen anderer Spieler anzupassen. Der Nutzen eines Spielers ist maximal, wenn kein Auszahlungsunterschied zwischen seiner eigenen und den individuellen Auszahlungen aller Mitspieler besteht.

3.6   Altruismus (Levine 1998)

Levine (1998) beschreibt in seiner Theorie einen Spieler, der seinen Nutzen sowohl aus der eigenen Auszahlung als auch den Auszahlungen seiner Mitspieler bezieht (Levine 1998: 595). Die Nutzenfunktion des Spielers verläuft linear und ist von der eigenen und den Auszahlungen der Mitspieler determiniert. Die Steigung der Nutzengerade ist dabei von dem sog. „coefficient of altruism (or spite)" bestimmt (ebd). Dieser Koeffizient bestimmt demnach die Stärke, mit der ein Spieler zu einem altruistischen Verhalten neigt. Levine (1998) argumentiert, dass jeder Spieler einen solchen Koeffizienten für diese Verhaltensweisen besitzt und dass dieser Koeffizient bei allen Spielern jedoch unterschiedlich ausgeprägt ist. Die Ausprägung des Koeffizienten ist eine private Information und den Mitspielern unbekannt. Das Verhalten eines Spielers ist jedoch nicht ausschließlich von seiner eigenen Altruismusausprägung bestimmt, sondern zusätzlich von seiner Einschätzung über die Altruismusausprägungen seiner Mitspieler (ebd). Demnach versenden Mitspieler mit jeder Handlung ein Signal, das einem Spieler Aufschluss über persönliche Präferenzen liefert und sein Verhalten beeinflusst (Levine 1998: 595-596). Ein Spieler reagiert je nach Signal nicht mehr primär auf die eigentliche Konsequenz der Handlung, sondern auf offenliegende Präferenzen seiner Mitspieler.

3.7 Pure Reciprocity und Fairness (Rabin 1993)

In seiner Theorie beschreibt Rabin (1993) die Reziprozität zwischen Spielern, bei der ein Spieler eine Handlung mit einer gleichartigen Gegenhandlung beantwortet (Rabin 1993: 1281). Erfährt ein Spieler eine positive Behandlung, dann schreibt das Gesetz der Fairness eine ebenso positive Gegenhandlung vor. Ist die Behandlung negativ, dann erlaubt bzw. diktiert die Fairness nach dem Prinzip der Rache eine negative Gegenhandlung. Rabin (1993) stellt ferner die Hypothese auf, dass ein Spieler eigenes materielles Einkommen opfert, um Spielern zu helfen, die freundlich gehandelt haben und wiederum Spieler zu sanktionieren, die unfreundlich gehandelt haben (Rabin 1993: 1282). Dabei steigt die Motivation zur Hilfe und Sanktion, wenn die materiellen Kosten der Opferung sinken.

3.8 Altruismus (Andreoni 1989)

In seinem Modell des „Impure Altruism" stellt Andreoni (1989) die generalisierte Behauptung auf, dass ein Spieler einen Nutzen aus der Handlung des Schenkens oder Gebens zieht (Andreoni 1989: 1457). Obwohl Andreoni (1989) sein Modell auf die Spendenbereitschaft von Spielern und Verdrängungseffekte staatlicher Intervention ausrichtet, lässt es sich dennoch in seinem grundlegenden Verständnis auf den vorliegenden Untersuchungsgegenstand transferieren. Ein Spieler besitzt demnach das Interesse an den materiellen Auszahlungen seiner Mitspieler und ist bereit, diese auf Kosten der eigenen Auszahlung zu erhöhen. Der Nutzen aus der Handlung des Schenkens oder des Gebens kann hierbei den Disnutzen aus der Reduktion der eigenen Auszahlung übersteigen.

4 Experimentelles Design

In diesem Kapitel wird das Laborexperiment als Forschungsinstrument und das experiementelle Design der vorliegenden Untersuchung vorgestellt. Für das Verhalten der Spieler im Experiment werden Vorhersagen aus den relevanten Theorien abgeleitet.

4.1 Das Laborexperiment als Forschungsinstrument

Die ökonomische Anwendung experimenteller Methodik (erstmals vor ungefähr 80 Jahren durch Louis Leon Thurstone) blieb von den Wirtschaftswissenschaften zunächst unbeachtet (Sauermann/Selten 1967: 1, 3). Nicht zuletzt durch Ökonomen wie Edward Chamberlin, Heinz Sauermann, Reinhard Selten, Vernon Smith oder Daniel Kahneman erfuhr die experimentelle Wirtschaftsforschung zunehmende Akzeptanz in den Wirtschaftswissenschaften und gilt heute als fester Bestandteil der ökonomischen Literatur (Croson 2005: 131, Roth 1986: 245). Zu den Anwendungsbereichen von Laborexperimenten zählen das Testen und Modifizieren von formellen ökonomischen Theorien, Handlungsempfehlungen für politische Entscheidungsträger und die Suche nach Phänomenen, die bislang von keiner Theorie erklärt werden können (Roth 1986: 245-246). Die in einem Laborexperiment gewonnenen Daten zählen zu den empirischen Labordaten und unterscheiden sich in ihrer Art von den zufälligen gewonnen Daten als auch in ihrer Herkunft von Felddaten (Falk/Fehr 2003: 399). Zufällige Daten entstehen als Nebenprodukt aus einer natürlichen, unkontrollierten Situation in der Realität, während experimentelle Daten im Rahmen von kontrollierten Experimenten explizit für den wissenschaftlichen Zweck generiert werden (ebd). Felddaten entspringen einem natürlichen unkontrollierten Umfeld in der Realität, während Labordaten im Labor entstehen (Levitt/List 2009: 2, Falk/Fehr 2003: 399). Das Laborexperiment als empirisches Forschungsinstrument besitzt dabei Vor- und Nachteile gegenüber anderen empirischen Instrumenten. Diese werden im Folgenden in Kurzform mit Lösungsansätzen für die Nachteile abgehandelt.

4.1.1 Vorteile von Laborexperimenten

Zu den wesentlichen Vorteilen eines Laborexperiments zählen die Möglichkeit ein (1) vereinfachtes Abbild der Realität zu erschaffen, eine (2) hohe interne Validität und die (3) Replizierbarkeit.

Modellhafte Abbildung der Realität

In einem Laborexperiment können komplexe oder nicht anzutreffende Situationen als modellhafte Abbildungen der Realität konstruiert werden (Croson 2002: 922, Falk/Fehr 2003: 400). Die Möglichkeit, im Labor ein vereinfachtes Modell einzusetzen, erlaubt die gezielte (Vorab-)Überprüfung von ökonomischen Theorien ohne vorherigen Einsatz von Felddaten (Smith 1976: 274). Dies kann auch in modellhaften Abbildungen erfolgen, die in dieser Form in der Praxis aus politischen oder ökonomischen Gründen nicht anzutreffen sind.

Interne Validität

Ein bedeutender Vorteil von Laborexperimenten ist die hohe interne Validität. Ein Untersuchungsergebnis ist intern valide, wenn kausale Inferenzen ausgeschlossen werden können (Falk/Fehr 2003: 402). Erst, wenn die Variation in der abhängigen Variable eindeutig auf die Variation der unabhängigen Variable zurückgeführt werden kann, liegt ein inferenzfreier Kausalzusammenhang vor und das Untersuchungsergebnis ist intern valide. Laborexperimente bieten aufgrund ihrer hohen Kontrollierbarkeit die Möglichkeit, äußere Störeinflüsse auszublenden, die Zurechenbarkeit von Ursache und Wirkung zu liefern und Theorien direkt zu überprüfen (Croson 2002: 922).

Replizierbarkeit

Ein weiterer Vorteil von Laborexperimenten ist die Replizierbarkeit (Croson 2002: 922, Falk/Fehr 2003: 401). Laborexperimente können mit Hilfe präziser Dokumentation beliebig oft repliziert werden. Aufgrund dieser einfachen Replizierbarkeit können Ergebnisse von Laborexperimenten von anderen Wissenschaftlern verifiziert oder widerlegt werden. Zufällig gewonnene Daten aus dem Feld lassen sich oftmals nicht replizieren.

4.1.2 Nachteile von Laborexperimenten

Evidenz aus Laborexperimenten ist häufig substantiellen Kritikpunkten hinsichtlich der (1) externen Validität, dem (2) Teilnehmerkreis, den (3) geringen Anreizen und der (4) geringen Teilnehmeranzahl ausgesetzt.

Externe Validität

In einem Laborexperiment gewonnene Daten unterscheiden sich von empirischen Daten aus dem Feld, als dass sie in einer künstlichen Situation entstanden sind und nur bedingt für Rückschlüsse auf die Realität herangezogen werden können (Croson 2002: 923). Eine Theorie, die das Verhalten im Labor vorhersagen kann, muss nicht zwangsläufig auch das Verhalten in der Realität vorhersagen können (ebd). Jedoch existiert in der Literatur die Meinung, dass eine Theorie, die Verhalten im Labor nicht vorhersagen kann, auch Verhalten in der Realität wahrscheinlich nicht vorhersagen können wird (Plott 1982: 1486). Befürworter des Laborexperiments beggnen dem Nachteil der geringen externen Validität mit dem Argument, dass ein Laborexperiment zwar eine vereinfachte modellhafte Abbildung der

Realität ist, jedoch erhalten die Teilnehmer eine echte Auszahlung und folgen bei ihrem Entscheidungen echten Regeln (ebd).

Teilnehmerkreis

Laborexperimente können Verzerrungseffekten des Teilnehmerkreises unterliegen, wenn üblicherweise Studenten als Teilnehmer herangezogen werden (Falk/Fehr 2003: 401). Diese sind im Gegensatz zu Akteuren in der Realität unerfahren. So haben beispielsweise Studenten oftmals keine Erfahrung als Arbeitgeber. Diese Unerfahrenheit könnte das beobachtete Verhalten im Labor verzerren und zu falschen Untersuchungsergebnissen führen. Untersuchungen dieser Verzerrungseffekte zeigen auf, dass tatsächlich Verhaltensabweichungen zwischen Studenten und realen Akteuren in Laborexperimenten vorliegen können (Cooper et al. 1999: 801-802, Fehr/List 2004: 743). Es konnte beispielsweise festgestellt werden, dass der Kontext und die Anzahl der Durchläufe im Experiment Einfluss auf die o.g. Verzerrungseffekte haben (Cooper et al. 1999: 795, 798). Keine dieser Untersuchungen beobachtet jedoch einen fundamentalen Unterschied zwischen dem Verhalten von Studenten und realen Akteuren. Der Gefahr von Verzerrungseffekten durch einen unerfahrenen Teilnehmerkreis kann mit realen Akteuren in Experimenten begegnet werden.

Geringe Anreize

Kritiker von Laborexperimenten führen häufig geringe Auszahlungen als Problem an (Falk/Fehr 2003: 401). Aufgrund dieser geringen Auszahlungen nehmen die Spieler das Experiment und ihre Entscheidungen nicht ernst. Der Zusammenhang zwischen der Höhe der Auszahlungen in Experimenten und der Ernsthaftigkeit bzw. Repräsentativität von Entscheidungen ist bislang nicht hinreichend untersucht. Es liegt jedoch erste Evidenz für konstantes Durchschnittsverhalten von Spielern in Experimenten unabhängig von der Auszahlungshöhe vor (Camerer/Hogarth 1999: 30). Allerdings zeigen die Untersuchungen auch, dass die Höhe der Auszahlung einen Einfluss auf die Varianz der Entscheidungen hat (ebd). Somit führen höhere Auszahlungen zu einer Reduktion der Varianz, besonders zu einer Reduktion von Ausreißern, die u.a. auf unmotivierte Spieler zurückgeführt werden. Die Erhöhung der Auszahlung scheint demnach zu einer stärkeren Fokussierung der Spieler zu führen. Ihr Verhalten ändert sich im Durchschnitt jedoch nicht.

Teilnehmeranzahl

Ein weiterer Kritikpunkt von Laborexperimenten ist die geringe Teilnehmerzahl (Falk/Fehr 2003: 402: 401). Im Vergleich zu Felddaten verfügen Datensätze aus Laborexperimenten häufig über wenige Beobachtungen. Durch die Erhöhung der Teilnehmeranzahl kann diesem Kritikpunkt entgegengewirkt werden. In der Literatur lassen sich auch Experimente finden, die repräsentativ für ganze Volkswirtschaften sind (siehe auch Harrison et al. 2002, Bellemare/Kröger 2003).

4.1.3 Bedingungen für Laborexperimente

Um das Verhalten von Spielern im Experiment mit dem Verhalten von Menschen in der Realität vergleichen zu können, wird ein Belohnungsmedium benötigt, aus dem Spieler wie in der realen Welt ihre Motivation für Entscheidungen beziehen. Die *Induced Value* Theorie beschreibt daher die Idee, mit dem richtigen Einsatz eines Belohnungsmediums die von den Spielern mitgebrachten persönlichen Präferenzen durch ein kontrollierbares Anreizsystem im Experiment zu ersetzen (Smith 1976: 275, Friedman/Cassar 2004: 26). Somit wird beispielsweise mit der Auszahlung von Geld in Experimenten versucht, kontrollierbare Präferenzen bei den Spielern zu induzieren, die bereits vorhandene Präferenzen ersetzen sollen. Für den Erfolg der Induktion neuer Präferenzen in einem Experiment sind drei Bedingungen zu erfüllen: Monotonie, Salienz und Dominanz.

Monotonie

Die Monotonie beschreibt die Bedingung der Nicht-Sättigung. Diese liegt vor, wenn ein Spieler eine größere Menge des Anreizmediums einer kleineren Menge stets vorzieht (Friedman/Cassar 2004: 26).

Salienz

Die Salienz beschreibt den Zusammenhang zwischen der Belohnung und der Handlung eines Spielers (Friedman/Cassar 2004: 26). Ein Spieler muss demnach die Konsequenzen seiner Handlungen hinsichtlich der Belohnung kennen und ein Interesse an dieser Belohnung besitzen.

Dominanz

Die Dominanz beschreibt die vordergründige Bedeutung der Belohnung (Friedman/Cassar 2004: 26). Hierbei muss die Belohnung für die Nutzenfunktion des Spielers wichtiger sein als andere Motive.

4.2 Aufbau des Experiments

Für die Beantwortung der zielsetzenden Forschungsfragen wird ein Laborexperiment entworfen, das auf dem experimentellen Design von Fe/Fi (2004) aufbaut. Hierfür wird zunächst das Diktatorspiel kurz erläutert und auf Eignung für die vorliegende Untersuchung überprüft. Im Anschluss werden das experimentelle Design vorgestellt und Abweichungen von Fe/Fi (2004) erläutert. Die Herleitung der Hypothesen zu den zielsetzenden Forschungsfragen bildet den Kern der Untersuchung. Aus den im Kapitel drei vorgestellten Theorien werden Vorhersagen für das Verhalten der Spieler im Experiment abgeleitet.

4.2.1 Das Diktatorspiel zur Modellierung von Verteilungsproblemen

Herkunft und grundlegender Aufbau

Das klassische Diktatorspiel ist aus der Spieltheorie entstanden und bildet Verteilungsprobleme modellhaft ab (Camerer/Fehr 2004: 72). Es handelt sich hierbei um die Verteilung von Einkommen in einer Gesellschaft, die von Verteilungsnormen geprägt ist (ebd). In diesem Zusammenhang kann beobachtet werden, wie sich Spieler bei der Verteilung von Einkommen zwischen sich und einem Mitspieler verhalten. Das klassische Diktatorspiel wird mit zwei Spielern gespielt. Ein Spieler ist der Diktator und erhält eine monetäre Anfangsausstattung. Der andere Spieler ist der Empfänger und erhält keine monetäre Anfangsausstattung. Bei der Interaktion beider Spieler wird lediglich eine Entscheidung vom Diktator getroffen. Der Diktator entscheidet über die Verteilung seiner Anfangsausstattung zwischen ihm und dem Empfänger. Hierbei sind beiden Spielern die Rollenzuteilung, die Anfangsausstattungen beider Spieler und die alleinige Entscheidungsmöglichkeit des Diktators bekannt.

Durch die Erweiterung des klassischen Diktatorspiels um eine Drittpartei mit Sanktionsmöglichkeiten wird die modellhafte Abbildung des Verteilungsproblems mit einem Durchsetzungsmechanismus der sozialen Norm ergänzt (Camerer/Fehr 2004: 76). Die Durchsetzung einer sozialen Norm stellt hierbei die Einhaltung einer sozialen Norm aufgrund von erwarteten Sanktionen bei einer Normverletzung dar. Im erweiterten Diktatorspiel erfolgt die Sanktionierung anhand eines Punktabzugs beim Mitspieler. Mit diesem experimentellen Design lässt sich die Bedeutung der Drittpartei für die Normdurchsetzung analysieren. Die Existenz von Drittparteien mit Sanktionsmöglichkeiten wird als wichtiger Bestandteil der Funktionsweise von sozialen Normen angesehen, da die Sanktionsmöglichkeiten von Opfern der Normverletzung oftmals limitiert sind (Bernhard et al. 2006: 217).

Eignung des Diktatorspiels

Neben dem Diktatorspiel existieren in der Spieltheorie eine Reihe von alternativen Spielen, die sich für die Analyse der Funktionsweise und Wirkung von sozialen Normen grundsätzlich eignen würden. Zu diesen gehören beispielsweise: Gefangenendilemma, Public-Goods Spiel, Ultimatum Spiel, Gift-Exchange Spiel, Trust-Spiel (Camerer/Fehr 2004: 61-63). In allen Spielen lassen sich Situationen modellieren, bei denen sich von sozialen Normen determiniertes Verhalten beobachten lässt. Das Diktatorspiel hat im Vergleich zu anderen Spielen den entscheidenden Vorteil, dass strategisches Verhalten der Spieler ausgeschlossen wird (Krupka/Weber 2009: 310). Das klassische Diktatorspiel besitzt einen einfachen

Aufbau und beinhaltet lediglich eine Entscheidung des Diktators. In der erweiterten Version des Diktatorspiels treffen der Diktator und die Drittpartei jeweils eine Entscheidung. Im One-Shot Design durchgeführt erlaubt das Diktatorspiel den Ausschluss von strategischen Verhaltensmotiven wie Reputation und Reziprozität (ebd). Dies erlaubt die genaue Beobachtung von Verhalten, das durch soziale Normen bestimmt ist.

4.2.2 Experimentaufbau

Grundlegender Aufbau, Ausstattungen und Entscheidungen

Der grundlegende Aufbau des Experiments ist in Abbildung 1 illustriert. Der obere Teil der Abbildung stellt das klassische Diktatorspiel bestehend aus dem Diktator und dem Empfänger dar. Im unteren Teil ist die Erweiterung mit der Drittpartei abgebildet. In einer Beobachtung spielen diese drei Spieler in einer Gruppe zusammen und besitzen unterschiedliche Rollen und Interaktionen.

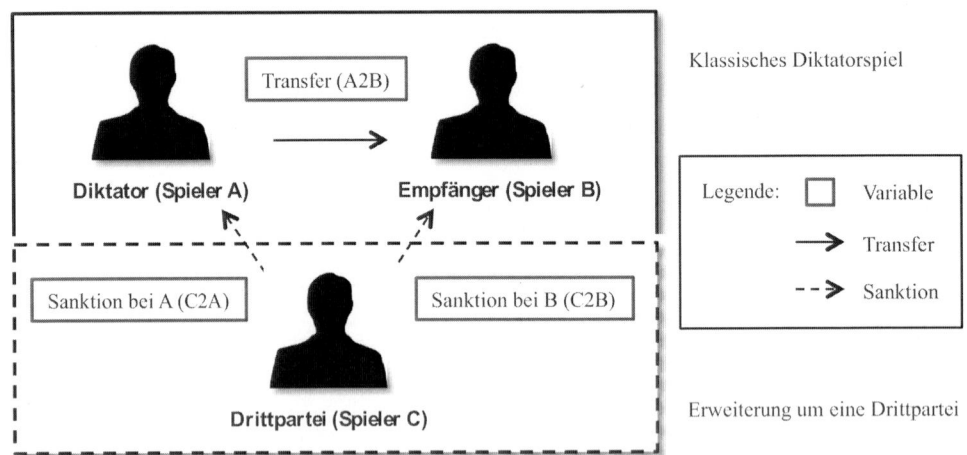

Abbildung 1: Grundlegender Aufbau des Experiments.

Spieler A ist der Diktator, Spieler B der Empfänger und Spieler C die Drittpartei. Spieler A erhält eine Anfangsausstattung von 100 Punkten, die er mit einem Transfer (*Variable: A2B*) an Spieler B in Schritten von 10 Punkten aufteilen kann, der selbst keine Anfangsausstattung erhält. Zeitgleich erhält Spieler C eine Anfangsausstattung von 50 Punkten und kann Spieler A (*Variable: C2A*) und B (*Variable: C2B*) durch einen Punktabzug in Schritten von drei Punkten sanktionieren. Spieler C verliert bei der Sanktion einen Teil seiner Anfangsausstattung im Verhältnis von 1:3. Der Punktabzug bei Spieler A und Spieler B darf den aus der Transferentscheidung jeweils resultierenden Punktestand der Spieler nicht übersteigen, damit negative Endpunktestände bei Spielern ausgeschlossen werden. Die Endpunktestände der Spieler setzen sich folgendermaßen zusammen:

$$Endpunktestand_A = Anfangsausstattung_A - A2B - C2A$$

$$Endpunktestand_B = Anfangsausstattung_B + A2B - C2B$$

$$Endpunktestand_C = Anfangsausstattung_C - [\tfrac{1}{3}(C2A) + \tfrac{1}{3}(C2B)]$$

Die Auszahlung der Spieler setzt sich aus einer entscheidungsunabhängigen Show-up Fee von 2,50 Euro und einem entscheidungsabhängigen Auszahlungsbestandteil zusammen, der sich aus dem Endpunktestand und dem Umrechnungskurs von 1 Punkt = 0,15 Euro ergibt.

$$Auszahlung_{A,B,C} = 2,50\ Euro\ (Show\text{-}up\ Fee) + Endpunktestand_{A,B,C} * 0,15\ (Umrechnungskurs)$$

Die Eingabe der Entscheidungen erfolgt für Spieler A und Spieler C parallel und bei Spieler C wie bei Fe/Fi (2004) anhand der Strategiemethode (Selten 1967: 137). Demnach gibt Spieler C seine Sanktionsentscheidung für alle möglichen Transferbeträge von Spieler A an.

Abfragen

Neben Entscheidungen werden im Experiment auch Erwartungen zum Verhalten der Mitspieler abgefragt, um u.a. das erwartete mit dem tatsächlich eingetretenen Verhalten vergleichen zu können. So geben Diktator und Empfänger an, welchen Punktabzug sie beim Diktator für alle möglichen Transferbeträge erwarten. Die Daten der Abfragen werden erfasst, jedoch nicht an die Spieler im Experiment kommuniziert.

Framing, Anonymität und Anzahl der Durchläufe

Das Framing des Experiments ist neutral. An keiner Stelle werden Bezeichnungen wie beispielsweise Diktator, Empfänger, Drittpartei oder Bestrafung verwendet. Stattdessen finden neutrale Begriffe wie Spieler A, Spieler B, Spieler C und Punktabzug respektiv Verwendung, um Verhaltensverzerrungen aufgrund der Terminologie vorzubeugen. Das experimentelle Design sieht weiterhin eine anonyme Interaktion zwischen den Spielern vor. Die Identität eines Spielers ist den Mitspielern zu keinem Zeitpunkt bekannt. Die Anonymität zwischen den Spielern soll strategische Interaktionsmotive beseitigen (Krupka/Weber 2009: 310). Das Experiment wird One-Shot (ein Durchlauf) durchgeführt, sodass auch hier strategische Interaktionen und Lerneffekte verhindert werden.

Rechnergestützte Durchführung

Die Programmierung und Durchführung des Experiments erfolgt mit dem Programm z-Tree (Fischbacher 1999). Alle Entscheidungen und Abfragen wurden von den Spielern an

Laborrechnern eingegeben und beantwortet. Lediglich die Instruktionen[11] wurden den Spielern in gedruckter Version zur Verfügung gestellt.

Abweichungen von Fehr/Fischbacher (2004)

An dieser Stelle sollen die Abweichungen des vorgestellten experimentellen Designs von Fe/Fi (2004) diskutiert und gerechtfertigt werden. Neben geringfügigen Parameteränderungen wurden einige strukturelle Änderungen vorgenommen.

Transfermöglichkeit des Diktators

Im experimentellen Design von Fe/Fi (2004) kann der Diktator bei seiner Transferentscheidung zwischen 0 und 50 Punkten in Schritten von 10 Punkten wählen (Fe/Fi 2004: 66). Das vorliegende Design erlaubt Transferbeträge zwischen 0 und 100 Punkten ebenfalls in Schritten von 10 Punkten zu wählen. Fe/Fi (2004) argumentieren, dass Transferbeträge über 50% der Anfangsausstattung fast nie vorkommen und wählen diese Einschränkung zur Vereinfachung des Experiments (Fe/Fi 2004: Fußnote 66). Jedoch kann diese Einschränkung problematisch sein und das Verhalten des Diktators beeinflussen. Demnach stellen Transferentbeträge von 0% und 50% Extrementscheidungen dar und können bei einigen Diktatoren eine Verhaltensveränderung induzieren. Dies kann beispielsweise dann der Fall sein, wenn ein Diktator Extrementscheidungen meidet. Die Beschränkung der Transferhöhe könnte demnach das Entscheidungsverhalten des Diktators dahingehend beeinflussen, als dass er seinen gewählten Transferbetrag in Verhältnis zu seinem maximal möglichen Transferbetrag setzt und bei einer Obergrenze von 50% zu geringeren Transferbeträgen neigt als bei einer Obergrenze von 100%. Um potentielle Verzerrungseffekte bei der Entscheidung des Diktators auszuschließen, wird die Höhe des Transfers im vorliegenden experimentellen Design nicht eingeschränkt. In ihrem Feldexperiment haben Bernhard et al. (2006) die Transferhöhe des Diktators nicht eingeschränkt und tatsächlich Transferbeträge von über 50% der Anfangsausstattung beobachten können (Bernhard et al. 2006: 219).

Sanktionsmöglichkeit der Drittpartei

Das experimentelle Design von Fe/Fi (2004) sieht vor, dass die Drittpartei lediglich den Diktator sanktionieren kann (Fe/Fi 2004: 66). Ein solcher Aufbau erlaubt grundsätzlich die Messung von Drittparteisanktionen. Die einseitige Sanktionsmöglichkeit der Drittpartei kann jedoch zu einem Sanktionsdilemma führen, das an dieser Stellen mit einem kurzen Beispiel erläutert wird.

Annahme: Die Drittpartei verfolgt das Ziel, eine höhere Auszahlung als ihre Mitspieler zu erhalten.

---

[11] Die Instruktionen zu T1 und T2 finden sich in Anhang 6 und 7.

Situation: Der Diktator entscheidet sich für einen Transfer von 50 Punkten.

Der direkt nach dem Transfer resultierende Punktestand liegt bei allen Spielern bei 50 Punkten. Die Drittpartei würde sich bei einem Punktabzug beim Diktator zwar ihm gegenüber besser stellen, sich im Vergleich zum Empfänger jedoch verschlechtern. Die monetären Kosten der Sanktion stellen die Drittpartei gegenüber dem Empfänger schlechter. Obwohl die Drittpartei zu einem Punktabzug bei Mitspielern bereit ist, wird sie aufgrund des beschriebenen Sanktionsdilemmas keine Sanktion durchführen. Aus diesem Grund sieht das vorliegende experimentelle Design vor, dass die Drittpartei sowohl Dikatator als auch Empfänger sanktionieren kann. Wie im weiteren Verlauf dieser Untersuchung ersichtlich wird, ist diese Situation tatsächlich im Experiment eingetreten und führte zu einem leichten Punktabzug bei beiden Mitspielern.

Beschränkung der Sanktionshöhe

Der Versuchsaufbau von Fe/Fi (2004) sieht ferner vor, dass die Drittpartei ihre gesamte Anfangsausstattung für die Sanktionierung des Diktators aufwenden kann und dadurch ein negativer Endpunktestand beim Diktator resultieren könnte (Fe/Fi 2004: 67). Die Spieler im Experiment bei Fe/Fi (2004) wurden auf die Möglichkeit negativer Endpunktestände hingewiesen und mussten in einem solchen Fall entstandene Verluste bezahlen. Im Versuchsaufbau von Bernhard et al. (2006) wurde die Sanktionshöhe auf maximal 60% der Anfangsausstattung des Diktators beschränkt und war unabhängig von der Transferentscheidung des Diktators (Bernhard et al. 2006: 218). Somit bestand auch bei Bernhard et al. (2006) die Möglichkeit negativer Endpunktestände beim Diktator, wenn dieser besonders hohe Transferbeträge wählen und die Drittpartei ihn dadurch stark sanktionieren würde.

Aus dem Problem negativer Punktestände ergibt sich der Lösungsansatz, die Sanktionsmöglichkeiten in Abhängigkeit von der Transferentscheidung des Diktators zu modellieren. Im vorliegenden Versuchsaufbau wird die Sanktionshöhe daher auf den aus dem Transfer resultierenden Punktestand begrenzt. Dadurch werden negative Endpunktestände ausgeschlossen und die entscheidungsunabhängige Show-Up Fee bleibt für alle möglichen Ausgänge des Experiments unangetastet. Dieser Beschränkung der Sanktionshöhe liegen zwei Motive zugrunde: (1) Negative Auszahlungen können schädlich für die Reputation eines Experimentallabors sein. Die Gefahr, Verluste im Experiment bezahlen zu müssen kann Probanden abschrecken und die Rekrutierung aufgrund dieser negativen Reputation dauerhaft erschweren. (2) Die Beschränkung der Sanktionshöhe steht im Einklang mit der abzubildenden Realität. Aus dem eingangs vorgestellten Beispiel lässt sich erkennen, dass die informelle Sanktion bei dem neuen Mitarbeiter lediglich seine berufliche Auszahlung betrifft. Sein Privatvermögen jedoch bleibt unangetastet. Die Beschränkung der Sanktionshöhe beeinflusst daher nicht die externe Validität der vorliegenden Untersuchung.

4.2.3 Treatments

Die vorliegende experimentelle Untersuchung besteht aus zwei Treatments, im Folgenden Treatment 1 (T1) und Treatment 2 (T2) genannt. Der allgemeine Aufbau ist für beide Treatments identisch. Die Treatments unterscheiden sich einzig hinsichtlich einer zusätzlichen Abfrage und Kommunikation der sozialen Norm an alle Spieler im T2. Zu diesem Zweck müssen alle im Labor des T2 anwesenden Drittparteien zwei Abfragen zur Entscheidung des Diktators beantworten. (1) Zum einen wird die Drittpartei gefragt, welchen Transferbetrag des Diktators sie als angemessen erachtet. Der Mittelwert dieser Antworten ergibt die operationalisierte soziale Verteilungsnorm aus Sicht aller anwesenden Drittparteien und wird allen Spielern im Labor vor ihren Entscheidungen mitgeteilt. (2) Zum anderen muss die Drittpartei das Verhalten des Diktators einschätzen und angeben, welchen Transferbetrag sie tatsächlich erwartet. Im T1 erfolgte bei der Drittpartei weder eine Abfrage zum angemessenen noch zum erwarteten Transferbetrag. Die Messung der sozialen Norm wurde auch von Krupka/Weber (2008) vorgenommen. In dieser Studie mussten Befragte auf einer Likert-Skala mit vier Ausprägungen[12] angeben, ob sie vorgegebene Transferbeträge des Diktators als sozial angemessen empfinden (Krupka/Weber 2008: 9-10). Für die vorliegende Untersuchung eignet sich diese Messmethode jedoch nicht, da sie keinen operationalisierbaren als angemessen empfundenen Transferbetrag für dessen Kommunikation an alle Spieler liefert und ihre Messung erst nach der Transferentscheidung erfolgt. Aus diesem Grund wurde in der vorliegenden Arbeit die beschriebene alternative Messmethode für die Messung der sozialen Norm eingesetzt.

An dieser Stelle lässt sich die Frage aufwerfen, weshalb der Mittelwert aller Drittparteiabfragen als soziale Norm kommuniziert wird und nicht die jeweilige Angabe der Drittpartei aus der eigenen Gruppe. Letzteres würde dem Diktator eine private Information über die Präferenzen der eigenen Drittpartei liefern und zu einer fast trivialen Koordination der Spieler führen. Die Kommunikation der sozialen Norm aus dem Mittelwert aller Drittparteiangaben hingegen liefert dem Diktator keine private Information über die eigene Drittpartei, sondern repräsentiert lediglich ein Meinungsbild aller Drittparteien im Labor.

---

[12] Die Ausprägungen der Skala: 1. „socially appropriate", 2. „consistent with moral or proper social behavior", 3. „socially inappropriate", 4. „inconsistent with moral or proper social behavior" (Krupka/Weber 2008: 10).

4.2.4 Fragebogen

Der Versuchsaufbau umfasst im Anschluss an die Treatments einen Fragebogen, der neben persönlichen Angaben auch einige Abfragen zur Motivation der Spieler umfasst.[13] Aus den in Kapitel drei vorgestellten Verhaltenstheorien wurden Fragen entwickelt, die von Spielern anhand einer Likert-Skala mit fünf Ausprägungsmöglichkeiten beantwortet wurden. Zusätzlich war es allen Spielern möglich, ihre Motivation und allgemeine Kommentare in einem freien Textfeld zu äußern.

4.2.5 Vergleich zwischen Modell und Praxisbeispiel

Für ein besseres Verständnis der praktischen Relevanz dieses experimentellen Designs werden der Aufbau und die Parametrisierung mit dem eingangs erläuterten Praxisbeispiel verglichen. Alle bei einem Treatment im Labor anwesenden Spieler stellen die Mitarbeiter des Unternehmens dar, das in Abteilungen (Spielergruppen) unterteilt ist. Jede Abteilung wird von einem Abteilungsleiter (Drittpartei) mit Sanktionspotential (Anfangsausstattung von 50 Punkten, Variablen C2A und C2B) gegenüber seinen Untergebenen (Diktator und Drittpartei) ausgestattet. Der Diktator, als neuer Mitarbeiter im Unternehmen kommt erstmalig in die Situation, erhaltenes Trinkgeld (Anfangsausstattung von 100 Punkten) zwischen sich und einem Kollegen ohne direkten Kundenkontakt (Empfänger) aufzuteilen. Ohne den Kundenkontakt bleibt der Kollege in einer passiven Rolle, erhält zunächst kein Trinkgeld (Anfangsausstattung von 0 Punkten) und ist für den Erhalt von Trinkgeld auf die Verteilungsentscheidung (Variable A2B) des neuen Mitarbeiters angewiesen. Alle im Labor anwesenden Drittparteien repräsentieren die Unternehmensführung, die im T2 eine Angabe zur angemessen Verteilung des Trinkgelds (soziale Norm) abgibt, die an alle Mitarbeiter im Unternehmen kommuniziert wird. Im T1 erfolgt diese Kommunikation im Unternehmen nicht. Mit Hilfe der Untersuchungsergebnisse aus dem vorliegenden modellhaften Abbild werden in der abschließenden Betrachtung Handlungsempfehlungen abgeleitet und auf die beschriebene Situation in der realen Welt transferiert.

4.3 Herleitung der Hypothesen

Um die eingangs angeführten zielsetzenden Forschungsfragen beantworten zu können, werden an dieser Stelle verhaltensbezogene Hypothesen aufgestellt. Abbildung 2 zeigt hierfür zunächst eine grafische Übersicht zu den Hypothesen und Hilfshypothesen.

---

[13] Fragebogen siehe Anhang 9.

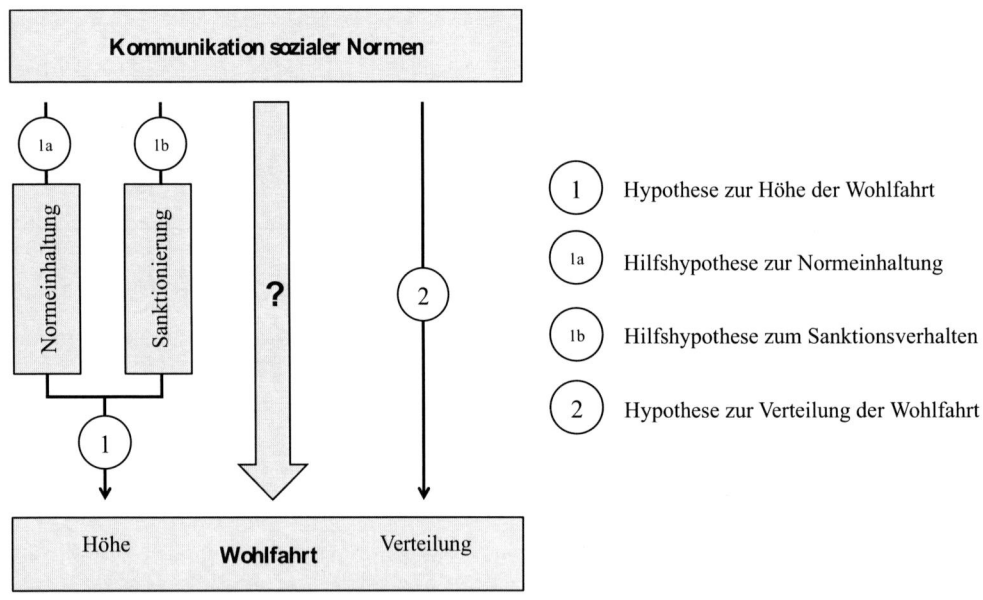

Abbildung 2: Grafische Hypothesenübersicht.

4.3.1 Hypothese zur Höhe der Wohlfahrt

Die erste zielsetzende Forschungsfrage der vorliegenden Arbeit betrachtet den Einfluss der Kommunikation sozialer Normen auf die Höhe der gesellschaftlichen Wohlfahrt. Diese ist im vorliegenden Versuchsaufbau im kumulierten Endpunktestand einer Spielergruppe abgebildet. Aus den Studien von Fe/Fi (2004), Bernhard et al. (2006) und Goette et al. (2006) geht hervor, dass Drittparteien bereit sind, beobachtete Normverletzungen mit einem Punktabzug zu sanktionieren. Der durch die Sanktion entstehende Schaden reduziert die gesellschaftliche Wohlfahrt. Dabei können einem normverletzenden Verhalten des Diktators vielfältige Ursachen zugrunde liegen, die der Drittpartei in ihrer Sanktionsentscheidung nicht bekannt sind. Es liegt eine Informationsasymmetrie vor. Somit würde eine Drittpartei eine aus einem Missverständnis heraus entstandene Normverletzung ebenso sanktionieren wie eine beabsichtigte Normverletzung. Es liegt daher die Vermutung nahe, dass durch die Kommunikation sozialer Normen vorliegende Informationsasymmetrien und damit auch ein Teil der wohlfahrtsschädlichen Sanktionen reduziert werden können. Aus dieser Überlegung folgt:

Hypothese zur Höhe der Wohlfahrt: Die Kommunikation sozialer Normen führt zu einer höheren gesellschaftlichen Wohlfahrt.

4.3.2 Hilfshypothesen zur Höhe der Wohlfahrt

Die alleinige Betrachtung der Wohlfahrtshöhe reicht für das Verständnis über die Wirkungsweise der Kommunikation sozialer Normen nicht aus. Aus einer Bestätigung der vorangegangenen Hypothese wäre nicht ersichtlich, worauf die höhere Wohlfahrt zurückgeführt werden kann: Auf Veränderungen im Verhalten des Diktators, der Drittpartei oder vielleicht im Verhalten beider? Eine Antwort auf diese Frage sollen die Hilfshypothesen zur Normeinhaltung und zum Sanktionsverhalten liefern.

> ***Hilfshypothese zur Normeinhaltung:*** *Die Kommunikation sozialer Normen führt zu einer besseren Normeinhaltung.*

> ***Hilfshypothese zum Sanktionsverhalten:*** *Die Kommunikation sozialer Normen führt zu einer Reduktion der Sanktionshöhe.*

4.3.3 Hypothese zur Verteilung der Wohlfahrt

Mit der zweiten zielsetzenden Forschungsfrage wird untersucht, ob die Kommunikation sozialer Normen einen Einfluss auf die Verteilung der Wohlfahrt in einer Gesellschaft hat. Diese ist im vorliegenden Versuchsaufbau in der relativen Verteilung der Endpunktestände zwischen den Spielern einer Gruppe abgebildet. Um die Ergebnisse dieser Untersuchung mit Ergebnissen früherer Diktatorspiele in der Literatur vergleichen zu können, wird hier ausschließlich das Punkteverhältnis von Empfänger und Diktator betrachtet. Hierfür werden die Endpunktestände beider Spieler in Verhältnis gesetzt:

$$Punkteverhältnis = \frac{Endpunktestand\ Empfänger}{Endpunktestand\ Diktator}$$

Im klassischen Diktatorspiel liegt das Punkteverhältnis zwischen Empfänger und Diktator im Durchnitt bei etwa 1:4 und entspricht einer hohen Auszahlungsdisparität (Camerer 2003: 57-58). Aufgrund ihres negativen Einflusses auf die Zufriedenheit und Produktivität von Mitarbeitern sind große Auszahlungsdifferenzen in Betrieben unerwünscht (Pfeffer/Langton 1993: 382). In diesem Zusammenhang lässt sich nachfolgende Hypothese aufstellen:

> ***Hypothese zur Verteilung der Wohlfahrt:*** *Die Kommunikation sozialer Normen führt zu einer Reduktion der Auszahlungsdisparität zwischen Empfänger und Diktator.*

4.4 Theoretische Vorhersagen

Für das Verhalten der Spieler im Experiment werden mit Hilfe der in Kapitel drei vorgestellten Theorien in diesem Abschnitt Vorhersagen getroffen. Tabelle 1 zeigt eine Übersicht zu den relevanten Theorien mit Kernthese und Vorhersage für den Transfer (A2B) und die Sanktion durch die Drittpartei beim Diktator (C2A).

Kapitel, Theorie	Autor	Kernthese	A2B	C2A
3.2 Rationaler Spieler	Kirchgässner	Spieler maximiert seinen eigenen Nutzen	0	0
3.3 Reziprozität	Falk/ Fischbacher	Spieler belohnt positives und sanktioniert negatives Verhalten; Auch die Absicht einer Handlung ist von Bedeutung	-	> 0 für A2B < s. Norm
3.4 Equity, Reciprocity, and Competition	Bolton/ Ockenfels	Spieler möchte einen fairen Anteil an der Gesamtauszahlung	50	0
3.5 Fairness, Competition, and Cooperation	Fehr/ Schmidt	Der Spieler versucht die egalitäre Verteilung der Auszahlungen zu erreichen	50	> 0 für A2B ≠ 50
3.6 Altruismus und Boshaftigkeit	Levine	Der Spieler bezieht seinen Nutzen aus der eigenen Auszahlung und aus der Auszahlung anderer	> 0	> 0 für A2B < s. Norm
3.7 Fairness	Rabin	Verhalten des Spielers beruht auf Gegenseitigkeit	-	> 0 für A2B < s. Norm
3.8 Altruismus	Andreoni	Der Spieler hat ein positives Interesse an den Auszahlungen seiner Mitspieler	> 0	0

Tabelle 1: Theoretische Vorhersagen für den Transfer und die Sanktion.

Diese Tabelle zeigt die theoretischen Vorhersagen für den Transfer des Diktators (Variable: A2B) und die Sanktion der Drittpartei beim Diktator (Variable C2A). Lesebeispiel: Die Theorie von Falk/Fischbacher sagt eine Sanktion beim Diktator vorher, wenn der Transferbetrag unter der sozialen Norm liegt.

4.4.1 Der rational handelnde Spieler (Kirchgässner 2008)

Laut dem theoretischen Ansatz von Kirchgässner (2008) wird ein rational handelnder Spieler als Diktator einen Transferbetrag von 0 Punkten wählen. Er geht davon aus, dass die Drittpartei ebenfalls nutzenmaximierend agiert und in keinem Fall eigenes Einkommen aufgeben wird. Der Erwartungswert des Einkommens beim Diktator ist in diesem Fall für den Transferbetrag von 0 Punkten am höchsten. Geht der Diktator jedoch davon aus, dass die Drittpartei nicht vollständig auszahlungsmaximierend handelt, dann wird er den Transferbetrag wählen, bei dem sein Erwartungswert am höchsten ist. In diesem Fall sagt dieser theoretische Ansatz auch einen Transferbetrag vorher. Ein rational handelnder Spieler wird als Drittpartei kein eigenes Einkommen für eine Sanktion aufgeben, weil er dadurch an Auszahlung verliert.

4.4.2 Reziprozität (Falk/Fischbacher 2006)

Die Theorie der Reziprozität von Falk/Fischbacher (2006) kann für das Verhalten des Diktators keine Vorhersage liefern, da Diktator und Empfänger im vorliegenden One-Shot Design lediglich eine Entscheidung des Diktators umfasst und Reziprozität hier nicht vorliegen kann. Ein reziprok handelnder Spieler wird als Drittpartei eigenes Einkommen für einen Punktabzug beim Diktator opfern, wenn er in der Handlung des Diktators eine negative Absicht erkennt. Unter der Annahme, dass Transferbeträge unter der sozialen Norm eine negative Absicht des Diktators signalisieren, wird eine reziprok handelnde Drittpartei eigenes Einkommen für einen Punktabzug beim Diktator opfern.

4.4.3 Equity, Reciprocity, and Competition (Bolton/Ockenfels 2000)

Die Theorie von Bolton/Ockenfels (2000) sagt für das Verhalten des Diktators einen Transferbetrag von 50 Punkten vorher. Bei diesem Transferbetrag entspricht das Einkommen des Diktators genau dem egalitären Anteil des gemeinschaftlichen Einkommens. Hinsichtlich des Verhaltens der Drittpartei sagt die Theorie keine Sanktion vorher. Die Drittpartei hat mit einer Anfangsausstattung von 50 Punkten bereits den egalitären Anteil an der gemeinschaftlichen Auszahlung. Dabei ist die Aufteilung der restlichen 100 Punkte zwischen Diktator und Empfänger für die Drittpartei nicht von Bedeutung.

4.4.4 Fairness, Competition, and Cooperation (Fehr/Schmidt 1999)

Die Theorie von Fehr/Schmidt (1999) sagt für das Verhalten des Diktators einen Transferbetrag von 50 Punkten vorher. Bei diesem Betrag ist das gemeinschaftliche Einkommen gleichverteilt. Für das Verhalten der Drittpartei sagt die Theorie eine Sanktion vorher, wenn der Transferbetrag des Diktators von 50 Punkten abweicht. Mit der Sanktion würde die Drittpartei die Gleichverteilung des Einkommens herstellen.

4.4.5 Theorie des Altruismus (Levine 1998)

Die Theorie von Levine (1998) sagt einen Transfer des Diktators vorher, da ein Spieler seinen Nutzen sowohl aus der eigenen als auch aus der Auszahlung seiner Mitspieler bezieht. Für das Verhalten der Drittpartei sagt die Theorie eine Sanktion vorher, wenn der Diktator weniger als die soziale Norm vorschreibt transferiert. Mit einem solchen Transferbetrag legt der Diktator seine boshaften (spite) Präferenzen offen, auf die Drittparteien mit einer Sanktion reagieren.

4.4.6 Theorie der Pure Reciprocity und Fairness (Rabin 1993)

Die Theorie von Rabin (1993) kann im vorliegenden One-Shot Design für das Verhalten des Diktators keine Vorhersage liefern. Für das Verhalten der Drittpartei liefert die Hypothese von Rabin (1993) als Vorhersage eine Sanktion beim Diktator, wenn der Transferbetrag unter der sozialen Norm liegt. Die Drittpartei sanktioniert demnach den Diktator für die unfreundliche Behandlung des Empfängers.

4.4.7 Altruismus (Andreoni 1989)

Die Theorie von Andreoni (1989) sagt für das Verhalten des Diktators einen Transferbetrag voraus, wenn der Nutzen aus der Handlung des Gebens den Disnutzen des eigenen Punktverlustes übersteigt. Damit würde er das Einkommen seines Mitspielers und dadurch auch seinen eigenen Nutzen erhöhen. Für das Verhalten der Drittpartei sagt die Theorie keine Sanktion voraus. Eine altruistische Drittpartei besitzt ein positives Interesse an der Auszahlung seiner Mitspieler und wird deshalb keine Sanktion ausüben.

4.5 Durchführung

Das Experiment wurde im Juli 2011 im BaER-Lab an der Universität Paderborn mit insgesamt 54 Studierenden durchgeführt.[14] Die Spieler wurden über die Datenbank des „Online Recruitment System for Economic Experiments" (ORSEE) für das Experiment eingeladen. Zu jedem Treatment erschienen jeweils 27 Spieler, die in neun Gruppen eingeteilt wurden. Jede Gruppe bestand aus drei Spielern, die im Verlauf des Experiments den Rollen Spieler A, Spieler B und Spieler C zugeordnet wurden. Aus dieser Aufteilung ergeben sich neun Beobachtungen für jedes Treatment.

Tabelle 2 zeigt eine grobe biographische Übersicht zu den Spielern beider Treatments im Vergleich. Die Spieler im T1 waren im Durchschnitt etwa zwei Jahre älter und etwa ein Semester länger im Studium als die Spieler im T2. Während der Anteil weiblicher Spieler im T1 deutlich überwog, ist das Verhältnis der Geschlechter im T2 beinahe ausgewogen. Die Mehrheit der Spieler in beiden Treatments hat im Vorfeld bereits an einem ökonomischen Experiment im BaER-Lab teilgenommen. Die Erfahrung der Spieler mit ökonomischen Experimenten ist daher in beiden Treatments vergleichbar. Während die Spieler im T1 überwiegend aus Studierenden der wirtschaftswissenschaftlichen Studiengängen zusammengesetzt war, ist die Zusammensetzung der Spieler im T2 deutlich heterogener. Welchen Einfluss der Studienhintergrund auf das Verhalten in ökonomischen Experimenten ausübt, ist

---

[14] Das Business and Economic Research Laboratory (BaER-Lab) ist das Paderborner Labor für experimentelle Wirtschaftsforschung.

an dieser Stelle unbekannt, da hierzu keine bekannten Studien vorliegen. Es wird jedoch davon ausgegangen, dass die vorliegende Unterschiede im Alter, Studienfortschritt, Geschlecht und Studiengängen keinen grundlegenden Verhaltensunterschied zwischen den Treatments hervorgerufen haben.

	Treatment 1 (T1)	Treatment 2 (T2)
Alter	Min: 19, Max: 33 Ø: 23,5	Min: 20, Max: 27 Ø: 21,7
Semester	Min: 1, Max: 11 Ø: 4	Min: 1, Max: 6 Ø: 2,7
Geschlecht	Männlich: 10 Weiblich: 17	Männlich: 15 Weiblich: 12
Vorherige Teilnahme an einem ökonomischen Experiment	Ja: 20 Nein: 7	Ja: 21 Nein: 6
Studiengang[15]	Wiwi: 12 IBS: 7 Lehramt: 6 Medienproduktion: 1 Wing: 1	Wiwi: 3 IBS: 8 Lehramt: 9 Linguistik: 1 Wing: 5 Informatik: 1

Tabelle 2: Biografische Übersicht der Spieler beider Treatments.

Die Spieler wurden bei ihrer Ankunft im Labor per Losverfahren ihren Kabinen zugeordnet und erhielten nach einer kurzen Begrüßung die Instruktionen für das Experiment. Nach einer Lesezeit von zehn Minuten wurden offene Fragen der Spieler beantwortet und die Eingabe der Entscheidungen anhand eines Beispiels an der Tafel erläutert. Um das Verhalten der Spieler mit dem im Beispiel benutzten Zahlen nicht zu beeinflussen, wurden Zahlen gewählt, die einige Spieler vor Ausgabe der Instruktionen frei genannt haben. Den Spielern war die Zufälligkeit dieser Zahlen demnach bekannt.

Kontrollfragen

Das Experiment begann mit der Beantwortung von Kontrollfragen.[16] Die Kontrollfragen waren für alle Spieler gleich und prüften das Verständnis des Experiments. Jeder Spieler erhielt vier mögliche Entscheidungskombinationen, die im Experiment auftreten konnten und musste die Endpunktestände aller Spieler für diese beispielhaften Situationen ausrechnen. Erst nachdem alle Spieler die Kontrollfragen richtig beantwortet haben, wurde mit dem Experiment fortgefahren. Die Eingabe der Kontrollfragen wurde auf zehn Minuten angesetzt, nahm bei der Experimentdurchführung jedoch etwa 15 Minuten in Anspruch. In jedem

---

[15] Legende: Wiwi = Wirtschaftswissenschaften, IBS = International Business Studies, Wing = Wirtschaftsingenieurwesen,
[16] Kontrollfragen siehe Anhang 9.

Treatment gab es einige Spieler, die das Experiment zunächst nicht richtig verstanden und falsche Endpunktestände eingegeben haben. Nach weiteren Erläuterungen durch den Experimentator wurde das Experiment von allen Spielern verstanden und richtige Endpunktestände errechnet.

Ablauf des Experiments

Im Anschluss an die Kontrollfragen wurden alle Spieler nach dem Zufallsprinzip in Gruppen und Rollen eingeteilt. Die Zuteilung in Gruppen und Rollen erfolgte über die Software.[17] Die Gruppen- und Rollenzuteilung blieb bis zum Ende des Experiments bestehen. Im Verlauf des Experiments trafen die Spieler ihre Entscheidungen und beantworteten Abfragen. Zum Ende des Experiments wurde allen Spielern der Ausgang des Experiments und ihr Auszahlungsbetrag von der Software angezeigt. Während die Auszahlung vom Experimentator vorbereitet wurde, haben die Spieler den Fragebogen ausgefüllt. Die anschließende Auszahlung an die Teilnehmer erfolgte einzeln und anonym. Für die Eingabe der Entscheidungen und Einschätzungen, sowie der Beantwortung des Fragebogen und der Auszahlung wurden insgesamt etwa 40 Minuten angesetzt. Diese Vorgabe wurde im T1 eingehalten und im T2 leicht überschritten. Grund der zeitlichen Verfehlung im T2 war ein technischer Defekt an einem Laborrechner während der Beantwortung des Fragebogens. Dieser technische Defekt führte neben einer zeitlichen Verzögerung des Experimentablaufs auch zu einer unvollständigen Aufzeichnung der Daten aus dem Fragebogen im T2, wie erst die spätere Datenauswertung ergeben hat. Zwar konnten diese Daten wiederhergestellt werden, eine Zuordnung dieser Daten zu den jeweiligen Entscheidungen und Einschätzungen im T2 war jedoch nicht mehr möglich. Aus diesem Grund wird auf eine Auswertung des Fragebogens in dieser Arbeit verzichtet. Die Gesamtdauer des Experimentes betrug in beiden Treatments etwa 60 Minuten.

---

[17] Die zufällige Einteilung der Teilnehmer in Gruppen und Rollen erfolgte mit dem sog. *stranger-matching* von z-Tree.

5 Ergebnisse des Experiments

Dieses Kapitel stellt die Ergebnisse der experimentellen Untersuchung vor. Hierfür werden Entscheidungen und Einschätzungen zunächst deskriptiv dargestellt und verglichen. Im Anschluss daran erfolgt die Überprüfung der aufgestellten Hypothesen mit einem nicht-parametrischen Test.

5.1 Deskriptive Ergebnisse

5.1.1 Variablen und Ausgang der Treatments

Um ein grundlegendes Gefühl für den Datensatz zu erhalten, werden in den Tabellen 3 und 4 ein Auszug der wichtigsten Variablen mit der Beobachtungsanzahl, minimalen und maximalen Ausprägungen, Mittelwerten und Standardabweichungen sowie der Ausgang beider Treatments zusammegefasst.[18]

Variable	N	Min	Max	Mittelwert	Standard-abweichung
PunkteA (Diktator)	18	30	100	63,11	23,69
PunkteB (Empfänger)	18	0	50	21,06	19,06
PunkteC (Drittpartei)	18	30	50	44,72	6,24
PunkteGruppe	18	70	150	128,89	24,95
A2B	18	0	50	22,22	19,87
C2A	18	0	60	14,67	18,38
C2B	18	0	6	1,17	2,33
NormC	9	0	50	38,11	19,96
BeliefC	9	0	30	16,56	12,32

Tabelle 3: Zusammengefasste Übersicht zu den wichtigsten Variablen.

Diese Tabelle zeigt die vollständige Variablenübersicht aus dem Datensatz. PunkteA, PunkteB, und PunkteC (Endpunktestand des Diktators, Empfängers und der Drittpartei); A2B, C2A und C2B (Transfer des Diktators, Punktabzug bei Diktator und Empfänger); NormC, BeliefC (von der Drittpartei angegebener angemessener und erwarteter Transfer, wurde nur im T2 erhoben).

---

[18] Ein ausführliche Darstellung aller Variablen findet sich in Anhang 8.

Punkte Gruppe		PunkteA (Diktator)		PunkteB (Empfänger)		PunkteC (Drittpartei)		A2B		C2A		C2B	
T1	T2	T1	T2	T1	T2	T1	T2	T1	T2	T1	T2	T1	T2
126	150	72	50	10	50	44	50	10	50	18	0	0	0
106	134	57	44	10	44	39	46	10	50	33	6	0	6
150	134	100	78	0	10	50	46	0	10	0	12	0	0
102	110	30	46	34	24	38	40	40	30	30	24	6	6
90	150	35	100	20	0	35	50	20	0	45	0	0	0
150	146	100	97	0	0	50	49	0	0	0	3	0	0
110	150	50	50	20	50	40	50	20	50	30	0	0	0
150	150	60	50	40	50	50	50	40	50	0	0	0	0
70	142	40	77	0	17	30	48	0	20	60	3	0	3
Ø 117,1	140,7	60,4	65,8	14,9	27,2	41,8	47,7	15,6	28,9	24,0	5,3	0,7	1,7

Tabelle 4: Ausgang des Experiments im T1 und T2.

Diese Tabelle zeigt die auszahlungsrelevanten Entscheidungen des Diktators (A2B) und der Drittpartei (C2A, C2B), sowie die daraus resultierenden Endpunktestände der Gruppen und Parteien für beide Treatments. Die untere Zeile zeigt den durchschnittlichen Wert je Treatment an.

Bei der Betrachtung der Endpunktestände in Tabelle 4 lassen sich bereits Unterschiede zwischen den Treatments erkennen. So ist der durchschnittliche Endpunktestand von Gruppen im T2 durchschnittlich um etwa 23 Punkte höher als der Endpunktestand von Gruppen im T1 und liegt deutlich näher an der Maximalpunktzahl von 150 Punkten. Auch die Endpunktestände der Spielertypen sind im T2 durchschnittlich höher als im T1. Am deutlichsten fällt dieser Unterschied beim Empfänger aus, der im T2 durchschnittlich etwa 13 Punkte mehr besitzt. Unterschiede zwischen beiden Treatments lassen sich auch in den Entscheidungen der Spieler erkennen. Ein Diktator im T2 wählte mit 28,9 Punkten im Durchschnitt einen fast doppelt so hohen Transferbetrag als ein Diktator im T1 mit 15,6 Punkten.

Weitaus größer ist der Unterschied in der Sanktion beim Diktator. Hier ist der durchschnittliche Punktabzug beim Diktator im T1 mit 24 Punkten fast fünf mal so hoch wie im T2 mit 5,3 Punkten. Die Sanktion beim Empfänger fällt in beiden Treatments zwar schwach aus und unterscheidet sich kaum, wurde jedoch in einigen Fällen beobachtet. Diese ersten deskriptiven Ergebnisse bestätigen zunächst die Ergebnisse aus der Literatur insofern, als dass der Diktator einen Teil seiner Anfangsausstattung mit dem Empfänger teilt und die Drittpartei bereit ist, eigenes Einkommen für Sanktionen bei Mitspielern aufzugeben, obwohl sie weder von der Normverletzung betroffen ist, noch einen monetären Vorteil aus der Sanktion bezieht (Camerer 2003, Fe/Fi 2004, Bernhard et al. 2006, Goette et al. 2006).

Aus der deskriptiven Übersicht zum Ausgang des Experiments lassen sich auch erste Ansätze für die Beantwortung der zielsetzenden Forschungsfragen ableiten. Hierfür sind die prozentualen Unterschiede in den Endpunkteständen der Gruppen und Spieler in Abbildung 3 dargestellt.

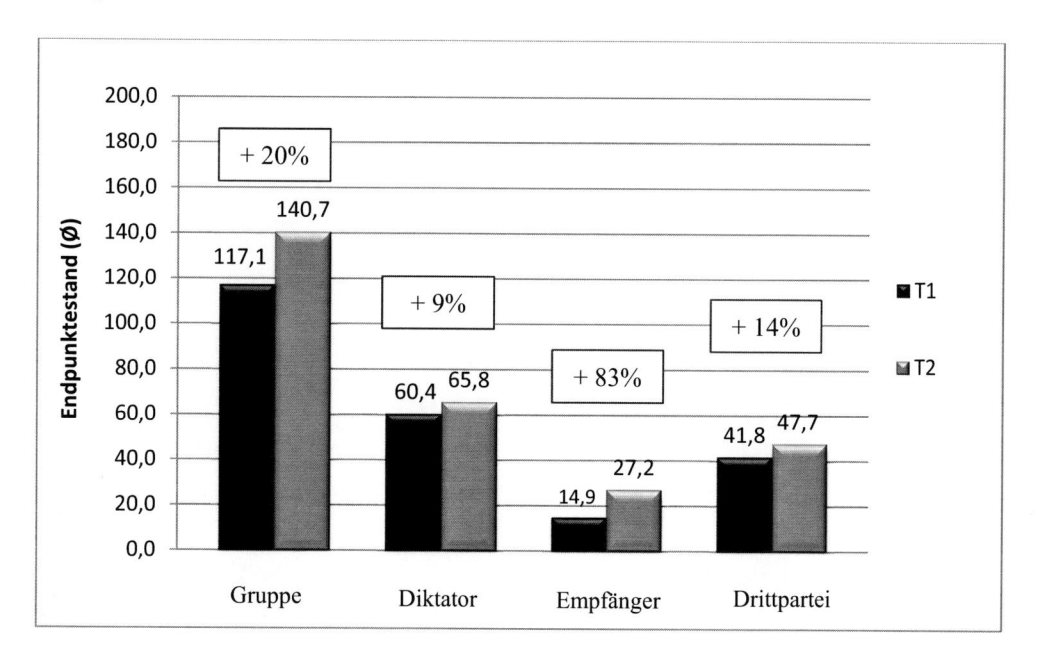

Abbildung 3: Endpunktestände der Gruppen und Parteien im Treatmentvergleich.

Diese Abbildung zeigt die durchschnittlichen Endpunktestände der Gruppen und Parteien im Treatmentvergleich. Die Prozentangaben über den Säulen zeigen den prozentualen Unterschied zwischen T1 und T2 basierend auf den Werten von T1. Lesebeispiel: Der im T2 resultierende Endpunktestand lag beim Diktator mit durchschnittlich 65,8 Punkten etwa 9% über dem durchschnittlichen Punktestand des Diktators im T1.

Hinsichtlich der Wohlfahrtshöhe lässt sich erkennen, dass der Endpunktestand von Spielergruppen im T2 mit 140,7 Punkten durchschnittlich um 20% über Spielergruppen im T1 mit 117,1 Punkten liegt. Transferbeträge des Diktators liegen im T2 durchschnittlich etwa 85% über den Transferbeträgen im T1, während die Sanktionshöhe im T2 ungefähr 78% geringer als im T1 ausfällt. Aus diesen deskriptiv gewonnenen Ergebnissen lässt sich an diesem Punkt folgendes Zwischenergebnis formulieren:

Die deskriptive Analyse zeigt einen positiven Einfluss der Kommunikation sozialer Normen auf die Höhe der gesellschaftlichen Wohlfahrt, sowie auf die Normeinhaltung durch den Diktator und einen negativen Einfluss auf die Sanktionshöhe.

5.1.2 Entscheidungen und Erwartungen im Treatment 1

Neben den auszahlungsrelevanten Entscheidungen wurden in beiden Treatments auch Erwartungen von Dikator und Empfänger sowie ein strategischer Entscheidungsplan der Drittpartei abgefragt. Abbildung 3 zeigt den erwarteten und strategischen Punktabzug beim Diktator für T1.

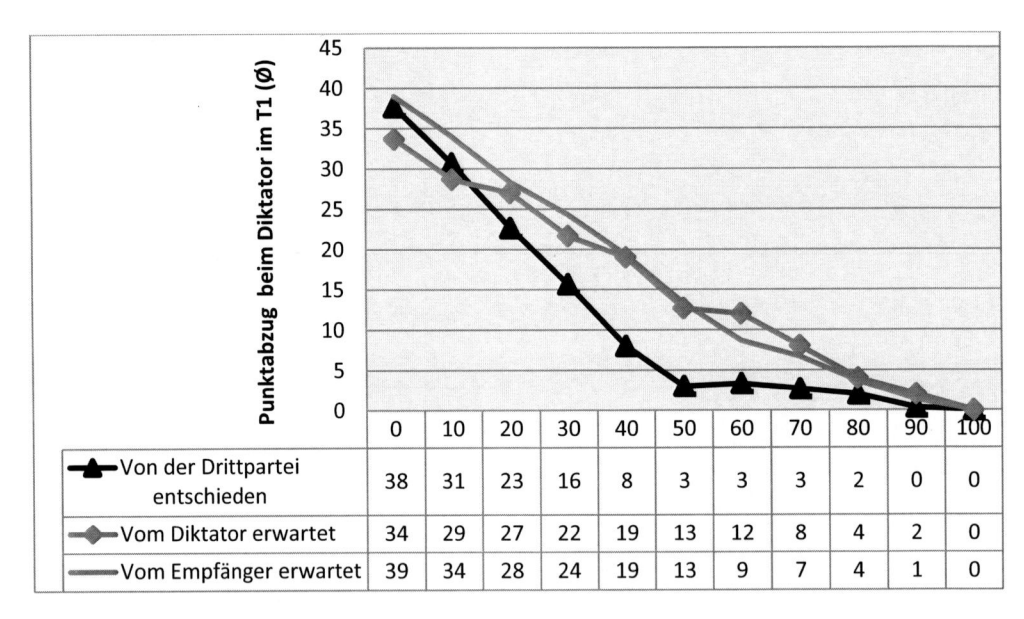

Punktabzug beim Diktator im T1 (Ø)	0	10	20	30	40	50	60	70	80	90	100
▲ Von der Drittpartei entschieden	38	31	23	16	8	3	3	3	2	0	0
◆ Vom Diktator erwartet	34	29	27	22	19	13	12	8	4	2	0
─ Vom Empfänger erwartet	39	34	28	24	19	13	9	7	4	1	0

Abbildung 4: Erwarteter und strategischer Punktabzug beim Diktator im T1.

Diese Abbildung zeigt den durchschnittlich erwarteten und strategischen Punktabzug beim Diktator im T1 (Ordinate) in Abhängigkeit vom Transferbetrag 0 bis 100 Punkte (Abszisse). Lesebeispiel: Bei einem Transfer von 40 Punkten erwarten Empfänger im T1 im Durchschnitt einen Punktabzug von 19 Punkten beim Diktator.

Auf den ersten Blick fällt auf, dass die erwarteten und strategisch entschiedenen Punktabzüge beim Diktator einen monoton fallenden Verlauf annehmen. Die Erwartungswerte von Diktator und Empfänger liegen für fast alle Transferniveaus über den strategisch entschiedenen Werten der Drittpartei. Die Abweichung zwischen erwartetem und strategisch entschiedenem Punktabzug ist bei mittleren Transferniveaus am größten und bei geringen und hohen Transferniveaus am geringsten.

5.1.3 Entscheidungen und Erwartungen im Treatment 2

Abbildung 5 zeigt den erwarteten und strategischen Punktabzug beim Diktator für T2.

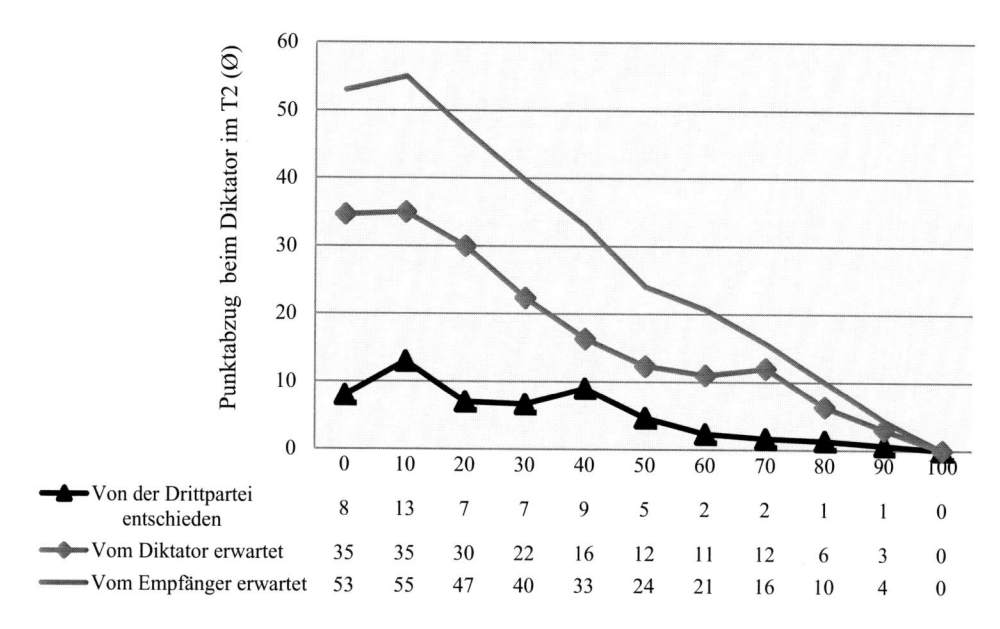

	0	10	20	30	40	50	60	70	80	90	100
Von der Drittpartei entschieden	8	13	7	7	9	5	2	2	1	1	0
Vom Diktator erwartet	35	35	30	22	16	12	11	12	6	3	0
Vom Empfänger erwartet	53	55	47	40	33	24	21	16	10	4	0

Abbildung 5: Erwarteter und strategischer Punktabzug beim Diktator im T2.

Diese Abbildung zeigt den erwarteten und strategischen Punktabzug beim Diktator im T2 (Ordinate) in Abhängigkeit vom Transferbetrag 0 bis 100 Punkte (Abszisse). Lesebeispiel: Bei einem Transfer von 10 Punkten erwarten Diktatoren im T2 einen durchschnittlichen Punktabzug von 35 Punkten bei sich.

Aus dem Verlauf des erwarteten und strategisch entschiedenen Punktabzugs lassen sich deutliche Unterschiede zum T1 erkennen. Die Erwartungshaltung des Empfängers hinsichtlich des Punktabzugs beim Diktator liegt für alle Transferbeträge über der Erwartungshaltung des Diktators. Der Empfänger erwartet demnach eine höhere Sanktion beim Diktator als der Diktator selbst. Die strategisch entschiedenen Punktabzüge der Drittpartei liegen teilweise weit unter den Erwartungshaltungen von Diktator und Empfänger. Der Verlauf des strategisch entschiedenen Punktabzugs nimmt insbesondere bei geringen Transferbeträgen einen wesentlich flacheren Verlauf im Vergleich zum T1 an. Die Ergebnisse aus dem Vergleich von erwartetem und strategisch entschiedenem Punktabzug beim Diktator sind konsistent mit den bisherigen Ergebnissen aus der Literatur (Fe/Fi 2004: 69-70).

5.1.4 Vergleich der Erwartungen

In beiden Treatments wurde der Diktator und der Empfänger nach ihren Erwartungen zum Punktabzug beim Diktator gefragt. Abbildung 6 zeigt die durchschnittliche Erwartung der Spieler im Treatmentvergleich an.

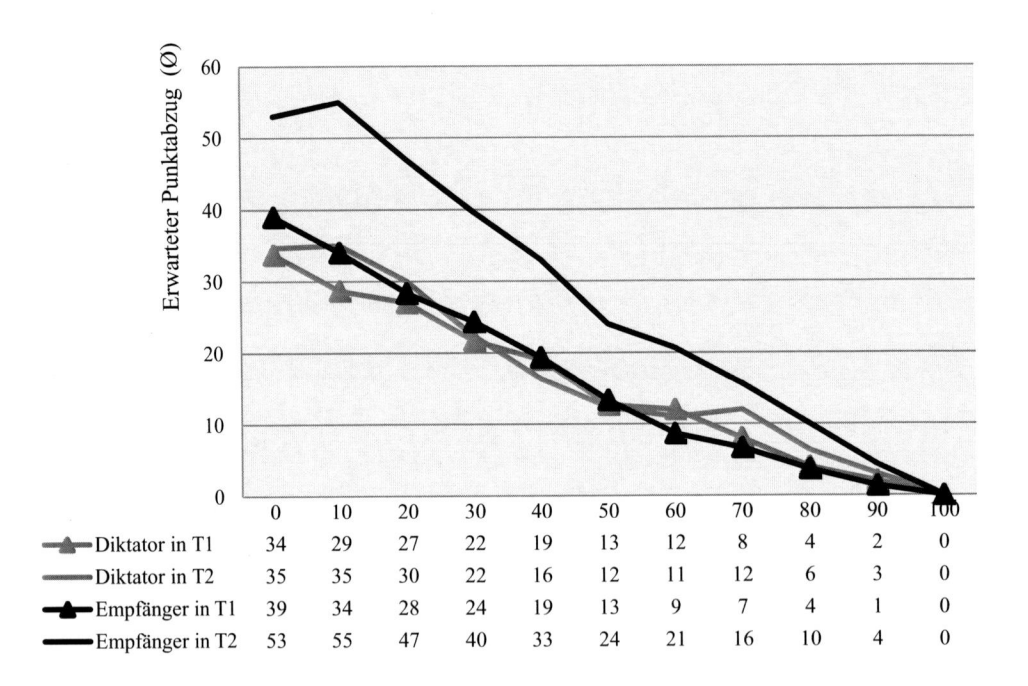

	0	10	20	30	40	50	60	70	80	90	100
Diktator in T1	34	29	27	22	19	13	12	8	4	2	0
Diktator in T2	35	35	30	22	16	12	11	12	6	3	0
Empfänger in T1	39	34	28	24	19	13	9	7	4	1	0
Empfänger in T2	53	55	47	40	33	24	21	16	10	4	0

Abbildung 6: Der erwartete Punktabzug beim Diktator.

Diese Abbildung zeigt den von Diktatoren und Empfängern durchschnittlich erwarteten Punktabzug beim Diktator (Ordinate) in Abhängigkeit vom Transferbetrag 0 bis 100 Punkte (Abszisse). Lesebeispiel: Bei einem Transfer von 20 Punkten erwarten Empfänger im T1 beim Diktator einen durchschnittlichen Punktabzug von 28 Punkten.

Ein Vergleich des erwarteten Punktabzugs beim Diktator zeigt auf, dass die Erwartungen des Empfängers im T2 von den sonst ähnlich verlaufenden Erwartungen abweichen. Der Empfänger im T2 erwartet demnach einen vergleichsweise höheren Punktabzug beim Diktator. Es scheint, als ob die Kommunikation sozialer Normen einen Anstieg der von Empfängern erwarteten Sanktion beim Diktator induziert.

5.1.5 Vergleich der strategischen Sanktion

Die Eingabe der Sanktion durch die Drittpartei erfolgte anhand der Strategiemethode und liefert einen vollständigen Verhaltensplan der Drittpartei (Selten 1967: 137). Abbildung 7 zeigt die durchschnittlichen strategischen Punktabzüge im Treatmentvergleich an. Es ist zu erkennen, dass der Punktabzug stark ansteigt, wenn Diktator oder Empfänger nach der Transferentscheidung mehr als 50 Punkte besitzen. Somit werden einem Diktator bei geringen und einem Empfänger bei hohen Transferbeträgen besonders viele Punkte abgezogen. Die Entscheidung der Drittpartei über eine Sanktion bei den Mitspielern ist demnach von dem Verhalten des Diktators bestimmt. Im Treatmentvergleich fällt auf, dass die Intensität der Punktabzüge im T1 tendeziell höher ist als im T2. Besonders bei niedrigen Transferbeträgen erfährt der Diktator im T1 einen weitaus höheren Punktabzug als im T2.

Auch dieser Vergleich liefert einen Anhaltspunkt für eine Veränderung im Sanktionsverhalten der Drittpartei durch die Kommunikation sozialer Normen.

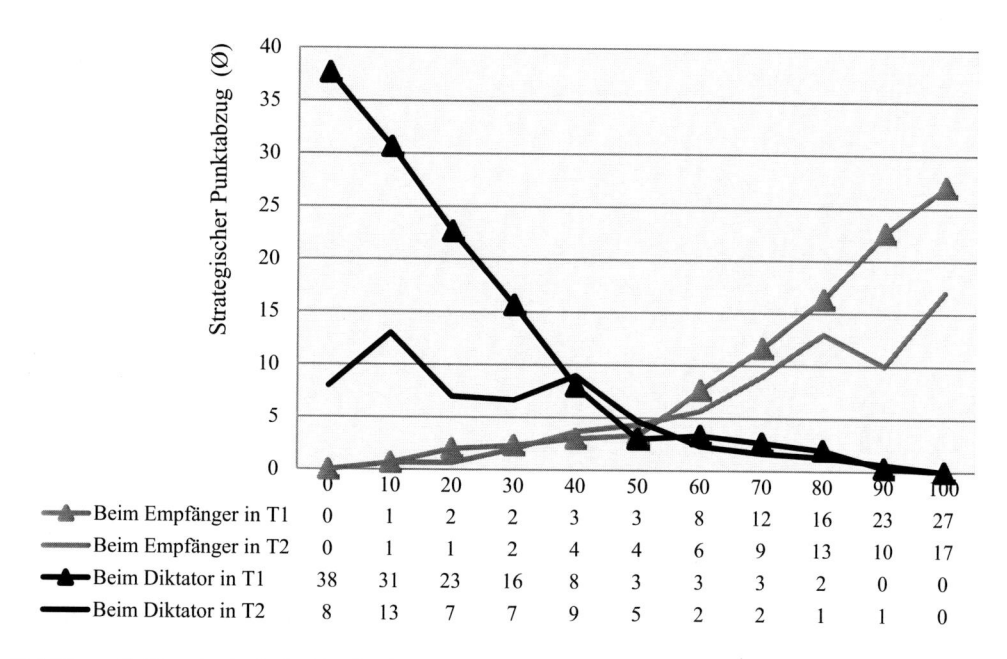

Transfer	0	10	20	30	40	50	60	70	80	90	100
Beim Empfänger in T1	0	1	2	2	3	3	8	12	16	23	27
Beim Empfänger in T2	0	1	1	2	4	4	6	9	13	10	17
Beim Diktator in T1	38	31	23	16	8	3	3	3	2	0	0
Beim Diktator in T2	8	13	7	7	9	5	2	2	1	1	0

Abbildung 7: Der strategische Punktabzug bei Diktator und Empfänger.

Diese Abbildung zeigt den durchschnittlichen strategischen Punktabzug bei Diktator und Empfänger (Ordinate) in Abhängigkeit vom Transferbetrag 0 bis 100 Punkte (Abszisse). Lesebeispiel: Bei einem Transfer von 30 Punkten zieht eine Drittpartei im T1 durchschnittlich 23 Punkte beim Diktator ab.

Ein Blick auf den flachen Abschnitt der Kurvenverläufe offenbart die interessante Beobachtung, dass Drittparteien im Durchschnitt auch von der Transferentscheidung monetär benachteiligte Spieler sanktionieren. So lässt sich beim Diktator selbst bei Transferbeträgen über 50 Punkten noch ein leichter Punktabzug beobachten. Ähnliches gilt für den Empfänger, wenn er nur einen geringen Transferbetrag erhalten hat. Dieser, wenn auch geringe, Punktabzug zeigt auf, dass die Sanktionsmotive der Drittpartei fascettenreich sein müssen.

5.1.6 Vergleich der Einkommensverteilung

Die Daten dieser experimentellen Untersuchung erlauben einen deskriptiven Vergleich der Wohlfahrtsverteilung zwischen den Spielern. Hierfür werden in Abbildung 8 die durchschnittlichen Endpunktestände der Spieler in einem Kreisdiagramm abgebildet und mit der Einkommensverteilung aus der Metaanalyse von Camerer (2003) verglichen. Beim klassischen Diktatorspiel mit zwei Spielern (links) lässt sich die hohe Einkommensdiskrepanz zwischen Diktator und Empfänger erkennen. Gemäß der Metaanalyse von Camerer (2003) liegt der durchschnittliche Transferbetrag eines Diktators im klassischen Diktatorspiel je nach experimentellem Design zwischen 10% und 52%, in der Regel jedoch um 20%

(Camerer 2003: 57-58). Somit liegt die Einkommensdiskrepanz zwischen Diktator und Empfänger bei etwa 4:1.

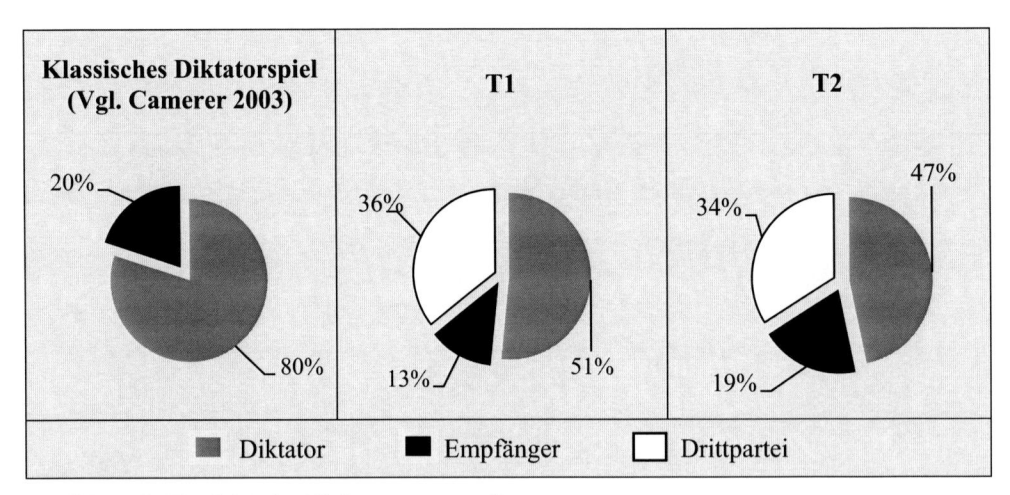

Abbildung 8: Vergleich der Einkommensverteilung.

Auch im T1, das zusätzlich eine Drittpartei mit Sanktionsmöglichkeiten umfasst, liegt die Einkommensdiskrepanz zwischen Diktator und Empfänger bei ungefähr 4:1. Erst im T2, das neben Sanktionen der Drittpartei auch die Kommunikation der sozialen Norm ermöglicht, reduziert sich diese Einkommensdiskrepanz auf etwa 2,5:1. Daraus lässt sich folgendes Zwischenergebnis für die Beantwortung der Hypothese zur Wohlfahrtsverteilung ableiten:

Die bloße Anwesenheit einer Drittpartei mit Sanktionspotential kann die Einkommensdiskrepanz im Diktatorspiel zwischen Diktator und Empfänger nicht reduzieren. Erst die zusätzliche Kommunikation der sozialen Verteilungsnorm führt laut deskriptiver Analyse zu einem gleichmäßiger verteilten Einkommen.

5.2 Ermittlung der sozialen Norm

Nachdem die experimentellen Daten deskriptiv untersucht wurden, erfolgt an dieser Stelle die Ermittlung der sozialen Norm. Durch die Messung der sozialen Norm werden die Annahmen von Fe/Fi (2004) und Bernhard et al. (2006) überprüft. Die soziale Norm wurde im T2 mit einer Abfrage bei der Drittpartei nach dem angemessenen Transferbetrag ermittelt. Tabelle 5 zeigt die Messdaten mit berechnetem Mittelwert.

Beobachtung	1	2	3	4	5	6	7	8	9	Ø
Angabe	0	50	50	50	50	18	50	25	50	**38,11**

Tabelle 5: Messergebnisse zur sozialen Norm.
Diese Tabelle zeigt den von allen Drittparteien im T2 als angemessen empfundenen Transferbetrag.

Die Messwerte zum angemessenen Transfer liegen zwischen 0 und 50 Punkten und ergeben im Mittelwert 38,11 Punkte. Dieser Wert repräsentiert die soziale Verteilungsnorm im T2 aus Sicht der Drittpartei und wurde vor Eingabe der Entscheidungen an alle Spieler im Labor kommuniziert. Dieser Messwert ist überraschend, da er deutlich von der egalitären Verteilung abweicht und somit nicht mit den Annahmen von Fe/Fi (2004) und Bernhard et al. (2006) übereinstimmt. Diese im T2 gemessene Abweichung zeigt auf, dass die hypothetischen Annahmen zur im Diktatorspiel geltenden sozialen Verteilungsnormen auf den Prüfstand gestellt werden sollten. Bei einer sozialen Verteilungsnorm von 38,11 Punkten zählen Transferbeträge von 40 Punkten aus Sicht der Drittpartei im T2 zu einem normeinhaltenden Verhalten. Jedoch wird an dieser Stelle darauf hingewiesen, dass die geringe Anzahl der Messwerte den Einfluss von Ausreißern auf den Mittelwert fördert. Insbesondere der Messwert von 0 Punkten als angemessener Transferbetrag wirkt sich deutlich auf den Mittelwert aus. Um den Einfluss von Ausreißern zu reduzieren, ist eine höhere Anzahl an Beobachtungen notwendig. Spiegelt der Mittelwert jedoch tatsächlich das Meinungsbild der Drittpartei wider, dann könnte daraus geschlossen werden, dass ein Teil der Gesellschaft nicht zwangsläufig an einer ausgeglichenen Verteilung von Einkommen interessiert ist. Aus diesen Überlegungen folgt daher als Zwischenergebnis:

Die Messung der sozialen Norm im vorliegenden Modell ist mit 38,11 Punkten deutlich geringer als der in der Literatur angenommene Wert von 50 Punkten (Fe/Fi 2004, Bernhard et al. 2006). Die Messung zeigt jedoch Bedarf für eine weiterführende Überprüfung mit einer höheren Beobachtungsanzahl auf.

5.3 Prüfung der Hypothesen

Im Nachfolgenden werden die aufgestellten Hypothesen und Hilfshypothesen mit Hilfe des Mann-Whitney U-Tests überprüft. Der Mann-Whitney U-Test gehört zu den verteilungsfreien Testverfahren mit dem die zentrale Tendenz zweier unabhängiger Stichproben verglichen werden kann (Bortz/Lienert 2008: 140). Bei einem signifikanten Ergebnis des U-Tests kann davon ausgegangen werden, dass sich die Mediane der zugrunde liegenden Population unterscheiden (ebd). In der vorliegenden Untersuchung würden signifikante Prüfungsergebnisse bei den Hypothesentests zu der Schlussfolgerung führen, dass sich das jeweilige Spielerverhalten zwischen beiden Treatments unterscheidet und ein Zusammenhang zwischen der Kommunikation sozialer Normen und der Verhaltensänderung vorliegt. Für die Prüfung der folgenden Nullhypothesen werden die Signifikanzniveaus $\alpha_1 = 0,05$ und $\alpha_2 = 0,10$ herangezogen. Aufgrund der geringen Anzahl an Beobachtungen sind hohe Signifikanzniveaus nur mit sehr deutlichen Verhaltensunterschieden zwischen den Spielern im T1 und T2 zu erreichen. Daher wird ein Signifikanzniveau von 10% berücksichtigt, das trotz der wenigen Beobachtungen als Indikator für möglicherweise vorliegende Zusammenhänge dient.

5.3.1 Hypothese zur Höhe der Wohlfahrt

Aus der ersten zielsetzenden Forschungsfrage wurde die Hypothese zur Höhe der Wohlfahrt abgeleitet. Es gilt an dieser Stelle folgende Nullhypothese zu prüfen:

Nullhypohese (H_0): Im Endpunktestand der Spielergruppen liegt zwischen T1 und T2 kein Unterschied vor.
Alternativhypothese (H_1): Der Endpunktestand der Spielergruppen ist im T2 höher als im T1 (gerichtete Alternativhypothese).

Die Prüfung der Nullhypothese ergibt eine einseitige Überschreitungswahrscheinlichkeit von $p = 0,057$.[19] Demnach ist die Nullhypothese auf dem 5%-Niveau beizubehalten und kann erst auf dem 10%-Niveau verworfen werden. Aus diesem Prüfungsergebnis lässt sich folgendes Zwischenergebnis ableiten:

Der Endpunktestand der Spielergruppen ist im T2 auf dem 10%-Niveau höher als im T1. Somit liegt ein schwach positiver Zusammenhang zwischen der Kommunikation sozialer Normen und der Wohlfahrtshöhe vor (10%-Niveau).

5.3.2 Hilfshypothese zur Normeinhaltung

Um die Wirkungsweise der Kommunikation sozialer Normen und ihrem Effekt auf die Wohlfahrtshöhe besser verstehen zu können, gilt es zunächst folgende Nullhypothese zur Normeinhaltung zu prüfen:

Nullhypohese (H_0): Im Transferbetrag liegt zwischen T1 und T2 kein Unterschied vor.
Alternativhypothese (H_1): Der Transferbetrag ist im T2 höher als im T1 (gerichtete Alternativhypothese).

Die Prüfung der Nullhypothese ergibt eine einseitige Überschreitungswahrscheinlichkeit von $p = 0,095$.[20] Demnach ist die Nullhypothese auch hier auf dem 5%-Niveau beizubehalten und kann erst auf dem 10%-Niveau verworfen werden. Aus diesem Prüfungsergebnis lässt sich folgendes Zwischenergebnis ableiten:

---

[19] Berechnung der Überschreitungswahrscheinlichkeit siehe Anhang 2.
[20] Berechnung der Überschreitungswahrscheinlichkeit siehe Anhang 3.

Der Transferbetrag ist im T2 auf dem 10%-Niveau höher als im T1. Somit liegt ein schwach positiver Zusammenhang zwischen der Kommunikation sozialer Normen und der Normeinhaltung vor (10%-Niveau).

5.3.3 Hilfshypothese zum Sanktionsverhalten

Neben der Normeinhaltung ist ferner die Nullhypothese zum Sanktionsverhalten der Drittpartei zu überprüfen:

Nullhypohese (H_0): *In der Sanktionshöhe liegt zwischen T1 und T2 kein Unterschied vor.*

Alternativhypothese (H_1): *Die Sanktionshöhe ist im T2 geringer als im T1 (gerichtete Alternativhypothese).*

Für die Überprüfung dieser Nullhypothese wird der vollständige Verhaltensplan der Drittpartei aus der Strategiemethode in Tabelle 6 herangezogen und die Sanktionen beim Diktator zwischen T1 und T2 für jede mögliche Situation verglichen.[21]

	C2A 0	C2A 10	C2A 20	C2A 30	C2A 40	C2A 50	C2A 60	C2A 70	C2A 80	C2A 90	C2A 100
T1	18	18	18	15	12	9	6	3	0	0	0
	42	33	24	21	9	0	0	0	0	0	0
	0	0	0	0	0	0	0	0	0	0	0
	81	78	51	39	30	0	6	3	0	0	0
	78	60	45	21	0	0	0	0	0	0	0
	0	0	0	0	0	0	0	0	0	0	0
	60	45	30	15	6	0	0	0	0	0	0
	0	0	0	0	0	0	0	0	0	0	0
	60	42	36	30	15	18	18	18	18	3	0
Ø	37,7	30,7	22,7	15,7	8,0	3,0	3,3	2,7	2,0	0,3	0,0
T2	0	0	0	0	0	0	0	0	0	0	0
	21	18	15	12	9	6	3	0	0	0	0
	15	12	9	6	3	0	0	0	0	0	0
	30	30	30	24	24	15	6	0	0	0	0
	0	0	0	0	0	0	0	0	0	0	0
	3	54	6	15	42	18	9	12	9	3	0
	0	0	0	0	0	0	0	0	0	0	0
	0	0	0	0	0	0	0	0	0	0	0
	3	3	3	3	3	3	3	3	3	3	3
Ø	8,0	13,0	7,0	6,7	9,0	4,7	2,3	1,7	1,3	0,7	0,0
p	0,068	0,111	0,068	0,111	0,432	0,273	0,466	0,365	0,398	0,365	0,365

Tabelle 6: Vollständiger Verhaltensplan der Drittpartei.
Diese Tabelle zeigt den vollständigen Verhaltensplan der Drittpartei und die Berechnung der Überschreitungswahrscheinlichkeiten für alle möglichen Situationen (C2A0 bis C2A100) in der untersten Zeile an. Lesebeispiel: Bei einem Transferbetrag von 40 Punkten liegt die Überschreitungswahrscheinlichkeit des Mann-Whitney U-Test für die Nullhypothese bei p=0,432.

---

[21] Berechnung der Überschreitungswahrscheinlichkeit siehe Anhang 4.

Aus den einseitigen Überschreitungswahrscheinlichkeiten der einzelnen Nullhypothesenprüfungen ergibt sich für keine Prüfung eine Ablehnung der Nullhypothese auf dem 5%-Niveau. Lediglich bei C2A0 und C2A20 kann die Nullhypothese auf dem 10%-Niveau verworfen werden. Bei näherer Betrachtung des Verhaltensplans zeigt sich ein ungewöhnliches Sanktionsverhalten einer Drittpartei im T2 auf, die im Verhaltenplan kursiv markiert ist. Bei Transferbeträgen von 10 und 40 Punkten entschied sich diese Drittpartei für ungewöhnlich hohe Sanktionen, die im Vergleich mit anderen Spielern im T2 und im Verleich mit den restlichen Angaben dieser Drittpartei als Ausreißer angesehen werden können. Insbesondere der hohe Sanktionsbetrag bei der Variable C2A10 verzerrt die Überschreitungswahrscheinlichkeit bei der Prüfung der Nullhypothese, die dadurch über dem 10%-Niveau liegt. Die Überprüfung der Hypothese für die Variable C2A10*, für die der Ausreißer von 54 Sanktionspunkten nicht berücksichtigt wurde, ergibt eine Überschreitungswahrscheinlichkeit von $p = 0{,}057$ und damit eine auf dem 10%-Niveau zu verwerfende Nullhypothese.[22] Aus diesen Prüfungsergebnissen zum Sanktionsverhalten geht folgendes Zwischenergebnis hervor:

Für Transferbeträge von 0, 10 und 20 Punkten ist die Sanktionshöhe im T2 auf dem 10%-Niveau geringer als im T1. Bei allen anderen Transferbeträgen liegt in der Sanktionshöhe kein Unterschied zwischen T1 und T2 vor. Die Kommunikation sozialer Normen führt somit bei geringen Transferbeträgen zu einer Reduktion der Sanktionshöhe beim Diktator.

5.3.4 Hypothese zur Verteilung der Wohlfahrt

Die zweite zielsetzende Forschungsfrage befasst sich mit dem Einfluss der Kommunikation sozialer Normen auf die Verteilung der Wohlfahrt. Für die Prüfung dieser Hypothese werden die Endpunktestände von Empfänger und Diktator in Verhältnis gesetzt. Tabelle 7 zeigt die Berechnung des Punkteverhältnisses zwischen Empfänger und Diktator.

---

[22] Berechnung siehe Anhang 4: C2A10*.

Punkte Diktator		Punkte Empfänger		Punkteverhältnis = $\frac{\text{Punkte Empfänger}}{\text{Punkte Diktator}}$	
T1	T2	T1	T2	T1	T2
72	50	10	50	0,139	1
57	44	10	44	0,175	1
100	78	0	10	0	0,128
30	46	34	24	1,133	0,522
35	100	20	0	0,571	0
100	97	0	0	0	0
50	50	20	50	0,4	1
60	50	40	50	0,667	1
40	77	0	17	0	0,221

Tabelle 7: Berechnung des Punkteverhältnis zwischen Empfänger und Diktator.

Das berechnete Punkteverhältnis spiegelt die Verteilung der Wohlfahrt zwischen Empfänger und Diktator wider. Für diese Betrachtung wurde die Auszahlung der Drittpartei vernachlässigt. Hieraus folgt schließlich die zu prüfende Nullhypothese:

Nullhypohese (H_0): Im Punkteverhältnis bei Empfänger und Diktator liegt zwischen T1 und T2 kein Unterschied vor.

Alternativhypothese (H_1): Das Punkteverhältnis bei Empfänger und Diktator ist im T2 höher als im T1 (gerichtete Alternativhypothese).

Die Prüfung der Nullhypothese ergibt eine einseitige Überschreitungswahrscheinlichkeit von $p = 0,245$.[23] Demnach ist die Nullhypothese sowohl auf dem 5%- als auch auf dem 10%-Niveau beizubehalten. Hieraus lässt sich als Zwischenergebnis ableiten:

Es liegt kein Unterschied im Punkteverhältnis von Empfänger und Diktator zwischen T1 und T2 vor. Somit lässt sich kein Zusammenhang zwischen der Kommunikation sozialer Normen und der Wohlfahrtsverteilung nachweisen.

---

[23] Berechnung der Überschreitungswahrscheinlichkeit siehe Anhang 5.

6 Diskussion

In diesem Kapitel werden die Ergebnisse und ihre Übereinstimmung mit den theoretischen Vorhersagen diskutiert und mit den Referenzergebnissen von Fe/Fi (2004) verglichen.

6.1 Vergleich mit Fehr/Fischbacher (2004)

Die in dieser Untersuchung gewonnenen Ergebnisse lassen sich mit der Studie von Fe/Fi (2004) vergleichen. Abbildung 9 zeigt hierfür die relative Häufigkeit der Transferbeträge aus beiden Treatments im Vergleich mit Fe/Fi (2004).

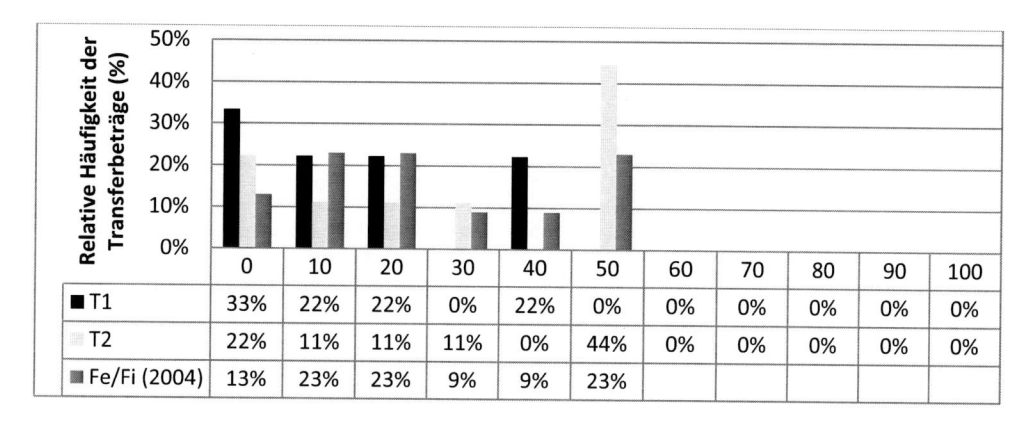

	0	10	20	30	40	50	60	70	80	90	100
T1	33%	22%	22%	0%	22%	0%	0%	0%	0%	0%	0%
T2	22%	11%	11%	11%	0%	44%	0%	0%	0%	0%	0%
Fe/Fi (2004)	13%	23%	23%	9%	9%	23%					

Abbildung 9: Relative Häufigkeit der Transferbeträge.

Diese Abbildung zeigt die relative Häufigkeit von Transferbeträgen in Abhängigkeit vom Transferbetrag 0 bis 100 Punkte im Vergleich mit Fe/Fi (2004). Lesebeispiel: Im T2 wurde der Transferbetrag von 0 Punkten bei 22% der Beobachtungen gewählt.

Transferbeträge über 50 Punkte konnten in den vorliegenden Treatments nicht beobachtet werden, obwohl das experimentelle Design, abweichend von bei Fe/Fi (2004), einen Transferbetrag über 50 Punkte erlaubte. Aus der grafischen Darstellung der relativen Häufigkeiten der Transferbeträge lässt sich erkennen, dass Transferbeträge von 0 Punkten in beiden Treatments häufiger anzutreffen waren, als bei Fe/Fi (2004). Auf der anderen Seite sind Transferbeträge von 50 Punkten im T2 mit 44% stark vertreten, während im T1 kein einziges Mal ein Transferbetrag von 50 Punkten beobachtet werden konnte.

Abbildung 10 zeigt die relative Häufigkeit von sanktionierenden Drittparteien im Vergleich mit Fe/Fi (2004). Aus Gründen der Vergleichbarkeit wurden für T1 und T2 nur die Sanktionen beim Diktator berücksichtigt.

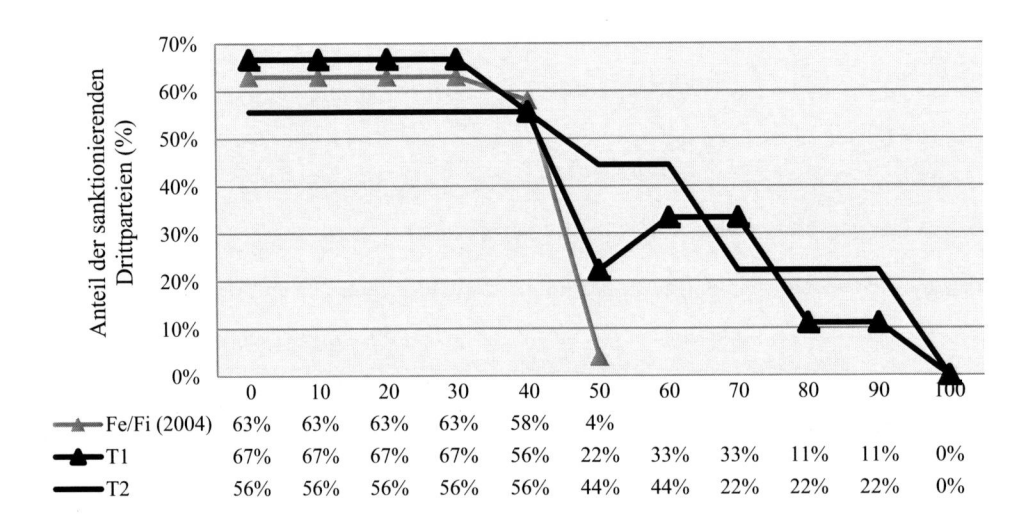

	0	10	20	30	40	50	60	70	80	90	100
Fe/Fi (2004)	63%	63%	63%	63%	58%	4%					
T1	67%	67%	67%	67%	56%	22%	33%	33%	11%	11%	0%
T2	56%	56%	56%	56%	56%	44%	44%	22%	22%	22%	0%

Abbildung 10: Anteil der sanktionierenden Drittparteien.

Diese Abbildung zeigt den prozentualen Anteil der sanktionierenden Drittparteien (Ordinate) in Abhängigkeit vom Transferbetrag 0 bis 100 Punkte (Abszisse) im Vergleich mit Fe/Fi (2004). Die Werte für den Vergleich wurden aus der grafischen Darstellungen übernommen und können geringfügige Abweichungen aufweisen (Fe/Fi 2004: 69). Lesebeispiel: Bei einem Transfer von 30 Punkten sanktionieren durchschnittlich 56% der Drittparteien im T2 den Diktator.

Bei allen Linien lässt sich ein Anstieg an sanktionierenden Drittparteien für Transferbeträge unter 50 Punkte erkennen. Die Sanktionsbereitschaft von Drittparteien bei Transferbeträgen unter 50 Punkte liegt zwischen 56% und 67%, ist im T1 am höchsten und im T2 am niedrigsten. Auffällig ist der deutliche Unterschied in der Sanktionsbereitschaft von Drittparteien bei der egalitären Einkommensverteilung. Während bei Fe/Fi (2004) nur etwa 4% der Drittparteien Diktatoren für einen Transferbetrag von 50 Punkten sanktionieren, zeigen im T1 etwa 22% und im T2 sogar 44% der Drittparteien diese Bereitschaft auf. Wie in Abschnitt 4.2.4 erläutert, konnte die Drittpartei in den vorliegenden Treatments sowohl den Diktator als auch den Empfänger sanktionieren. Die Änderung der Sanktionsmöglichkeiten bei der Drittpartei wurde durch das Sanktionsdilemma gerechtfertigt, bei dem sich eine Drittpartei bei der egalitären Einkommensverteilung dem Empfänger gegenüber schlechter stellt, wenn sie den Diktator sanktioniert. Es wurde angenommen, dass dieses Dilemma zu einer Reduktion der Sanktionen bei der egalitären Einkommensverteilung führen kann. Die deutlichen Unterschiede dieser Sanktion im Vergleich zwischen beiden vorliegenden Treatments und Fe/Fi (2004) scheinen diesen Verdacht zu bestätigen. Die Unterschiede könnten sich demnach durch die erweiterte Sanktionsmöglichkeit gegenüber dem Empfänger erklären lassen.

Weiterhin fällt bei näherer Betrachtung der Sanktionsbereitschaft für Transferbeträge über 50 Punkte auf, dass diese zwar abgeschwächt, aber dennoch vorhanden ist. Selbst bei Transferbeträgen von 90 Punkten lässt sich bei 11% bis 22% der Drittparteien noch eine

Sanktionsbereitschaft erkennen. Neben der Sanktionsbereitschaft ist auch die Höhe der Sanktion für den Vergleich mit Fe/Fi (2004) von Interesse. Abbildung 11 zeigt hierfür den durchschnittlichen Punktabzug beim Diktator in Abhängigkeit vom Transferbetrag im Vergleich mit Fe/Fi (2004) und Bernhard et al. (2006).

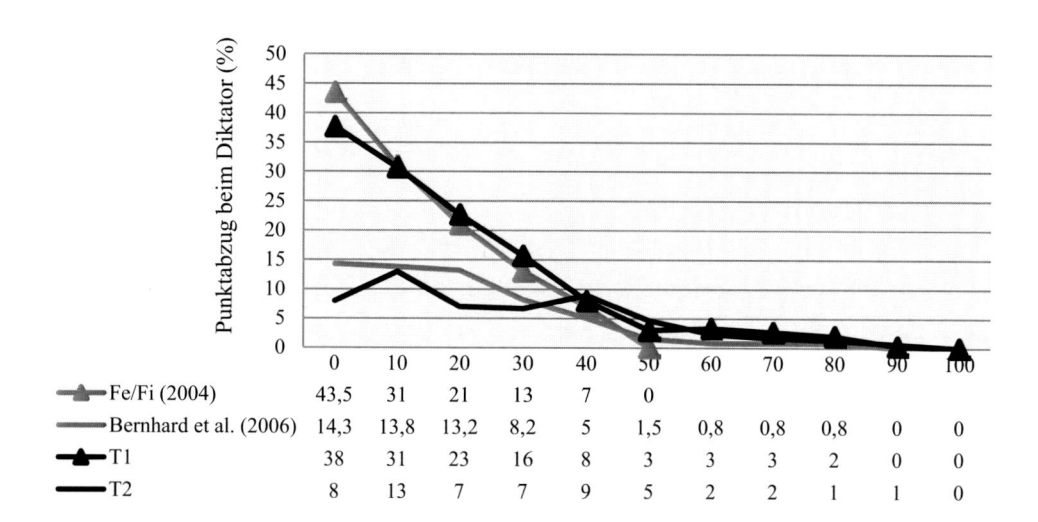

	0	10	20	30	40	50	60	70	80	90	100
Fe/Fi (2004)	43,5	31	21	13	7	0					
Bernhard et al. (2006)	14,3	13,8	13,2	8,2	5	1,5	0,8	0,8	0,8	0	0
T1	38	31	23	16	8	3	3	3	2	0	0
T2	8	13	7	7	9	5	2	2	1	1	0

Abbildung 11: Strategische Sanktion beim Diktator im Vergleich mit der Literatur.

Diese Abbildung zeigt den durchschnittlichen strategischen Punktabzug beim Diktator (Ordinate) in Abhängigkeit vom Transferbetrag 0 bis 100 Punkte (Abszisse) im Vergleich mit den Ergebnissen von Fe/Fi (2004) und Bernhard et al. (2006). Die Werte für den Vergleich wurden aus den grafischen Darstellungen der Publikationen übernommen und können geringfügige Abweichungen aufweisen (Fe/Fi 2004: 70; Bernhard et al. 2006: 219). Für den Vergleich mit Bernhard et al. (2006) wurde das ABC Treatment[24] gewählt. Für die Vergleichbarkeit der Ergebnisse wurden die Punktabzüge in % der Ausstattung des Diktators konvertiert. Lesebeispiel: Bei einem Transfer von 10 Punkten wird dem Diktator bei Fe/Fi (2004) durchschnittlich 31% seiner Ausstattung abgezogen.

Aus der grafischen Darstellung lässt sich ein Anstieg der Sanktionshöhe bei Transferbeträgen unter 50 Punkten für alle Kurvenverläufe erkennen. Somit steigt neben der Sanktionsbereitschaft auch die Sanktionshöhe für geringe Transferbeträge. Auffällig ist, dass die Sanktionshöhe im T2 deutlich geringer ausfällt als im T1 oder bei Fe/Fi (2004). Die Sanktionshöhe für Transferbeträge über 50 Punkte liegt erwartungsgemäß auf einem sehr niedrigen Niveau. Somit liegt für hohe Transferbeträge bei einem Teil der Drittparteien zwar eine Sanktionsbereitschaft vor, jedoch ist die Sanktionshöhe gering.

6.2 Vergleich mit Bernhard et al. (2006)

An dieser Stelle werden die Ergebnisse der vorliegenden Untersuchung mit den Ergebnissen von Bernhard et al. (2006) verglichen. Abbildung 11 zeigt hierfür die strategischen Sanktionen beim Diktator beider Treatments im Vergleich. Auch Bernhard et al. (2006) haben das

---

[24] Das ABC Treatment stellt bei Bernhard et al. (2006) das Basistreatment dar, in dem alle Spieler dem selben Stamm angehören.

experimentelle Design dahingehend erweitert, als dass Transferbeträge über 50 Punkte möglich sind und Drittparteien bei diesen Transferbeträgen ebenso sanktionieren können. Ähnlich zu den Beobachtungen in beiden Treatments haben Drittparteien den Diktator auch für Transferbeträge von 50 und mehr Punkten sanktioniert. Allerdings fällt die Sanktionshöhe bei Bernhard et al. (2006) insgesamt gering aus und ist mit dem Sanktionsverhalten im T2 vergleichbar. Wie in der Beschreibung des experimentellen Designs in Abschnitt 2.2.2 bereits erwähnt, wurde die Sanktionsmöglichkeit von Drittparteien auf 40% der Anfangsausstattung des Diktators begrenzt. Diese Einschränkung könnte als Erklärungsansatz für die relativ geringe Sanktionshöhe herangezogen werden. Eine grundsätzliche Obergrenze für Sanktionen würde demnach das Sanktionsverhalten von besonders sanktionsfreudigen Drittparteien verzerren und somit die durchschnittlich gewählte Sanktionshöhe für alle möglichen Transferbeträge reduzieren.

6.3 Vergleich mit Kirchgässner (2008)

Die Theorie des rational handelnden Spielers nach Kirchgässner (2008) sagt für das Verhalten des Diktators keinen Transfer und keine Sanktion der Drittpartei voraus. Aus der oben analysierten Sanktionsbereitschaft und –höhe lässt sich ableiten, dass das beobachtete Verhalten der Drittpartei nicht mit der theoretischen Vorhersage übereinstimmt. Drittparteien haben demnach im Durchschnitt für alle möglichen Transferbeträge eigenes Einkommen für strategische Sanktionen aufgegeben (siehe Abbildung 10, bei einem Transfer von 100 Punkten war kein Punktabzug beim Diktator erlaubt). Auch die beobachteten Transferbeträge des Diktators stimmen nicht mit der theoretischen Vorhersage überein. Aus Abbildung 9 geht hervor, dass die Vorhersage nur 33% (22%) der Beobachtungen im T1 (T2) richtig vorhersagen konnte. Die Existenz von Transferbeträgen über 0 Punkte könnte jedoch von maximalen Erwartungswerten des Diktators bei Transferbeträgen größer 0 Punkte erklärt werden. Schätzt der Diktator seiner Drittpartei andere Verhaltensmotive als die Einkommensmaximierung zu, so besteht für ihn die Gefahr hoher Punktverluste bei sehr geringen Transferbeträgen. Der Diktator würde gemäß der Theorie in diesem diejenige Transferhöhe wählen, die das höchste von ihm erwartete Einkommen liefert. Aus dem vorliegenden Datensatz lassen sich neben den tatsächlichen Transferbeträgen auch die Erwartungswerte des Diktators für alle möglichen Transferbeträge bestimmen. Bei der Eingabe des Transferbetrags im Experiment musste der Diktator zusätzlich den von ihm erwarteten Punktabzug bei sich für alle möglichen Transferbeträge angeben. Aus dieser Angabe lässt sich der Erwartungswert für das Einkommen berechnen, indem der aus dem Transfer und dem erwarteten Punktabzug resultierende Endpunktestand berechnet wird. Abbildung 12 zeigt den vom Diktator durchschnittlich erwarteten Endpunktestand in Abhängigkeit vom gewählten Transferbetrag.

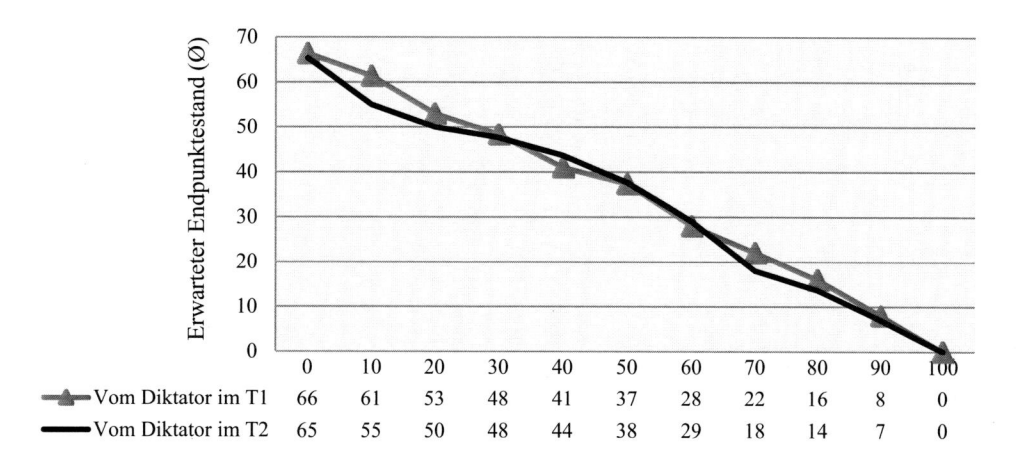

	0	10	20	30	40	50	60	70	80	90	100
Vom Diktator im T1	66	61	53	48	41	37	28	22	16	8	0
Vom Diktator im T2	65	55	50	48	44	38	29	18	14	7	0

Abbildung 12: Vom Diktator erwarteter Endpunktestand.

Diese Abbildung zeigt den vom Diktator durchschnittlich erwarteten Endpunktestand (Ordinate) in Abhängigkeit vom Transferbetrag 0 bis 100 Punkte (Abszisse). Lesebeispiel: Bei einem Transfer von 50 Punkten erwartet ein Diktator im T2 durchschnittlich einen Endpunktestand von 38 Punkten.

Der erwartete Endpunktestand des Diktators nimmt in beiden Treatments einen ähnlichen Verlauf an und ist streng monoton fallend. Die höchste Auszahlung erwartet der Diktator sowohl im T1 als auch im T2 demnach bei einem Transferbetrag von 0 Punkten. Gemäß der Vorhersage durch die Theorie müsste ein Großteil der Transferbeträge bei 0 Punkten liegen, da bei dieser Entscheidung der Erwartungswert für den Endpunktestand am größten ist. Die in Abbildung 8 gezeigten relativen Anteile der Transferbeträge zeigen jedoch auf, dass nur 33% (22%) der Diktatoren im T1 (T2) einen Transferbetrag von 0 Punkten gewählt haben. Daraus lässt sich ableiten, dass die theoretischen Vorhersagen des rational handelnden Spielers von Kirchgässner (2008) das Verhalten des Diktators als auch der Drittpartei nicht vorhersagen können.

6.4 Vergleich mit Falk/Fischbacher (2006)

Die Theorie der Reziprozität sagt für das Verhalten der Drittpartei eine Sanktion vorher, wenn der Transferbetrag unter der sozialen Norm liegt und der Diktator damit seine negativen Präferenzen offen legt. Aus den Abbildungen 10 und 11 lässt sich erkennen, dass sowohl die Sanktionsbereitschaft als auch die –höhe für Transferbeträge unter 50 Punkte deutlich ansteigt. Die Vorhersage der Theorie stimmt somit mit den beobachteten Sanktionen für Beträge unter der sozialen Norm überein. Im Experiment wurden jedoch auch Sanktionen für Transferbeträge über der sozialen Norm von 38,11 Punkten beobachtet, die nicht mit der Vorhersage dieser Theorie übereinstimmen. In diesem Fall legt der Diktator positive

Präferenzen offen und wird dennoch sanktioniert. Die Theorie der Reziprozität von Falk/Fischbacher (2006) kann das Verhalten der Drittpartei demnach eingeschränkt vorhersagen.

6.5 Vergleich mit Bolton/Ockenfels (2000)

Die Theorie von Bolton/Ockenfels (2000) sagt für das Verhalten des Diktators einen Transferbetrag von 50 Punkten und für das Verhalten der Drittpartei keine Sanktion vorher. Hinsichtlich der Transferbeträge liegt ein Widerspruch zwischen der theoretischen Vorhersage und den Beobachtungen vor. Während sich im T2 lediglich die Hälfte aller Diktatoren für einen Transferbetrag von 50 Punkten entscheidet, findet sich im T1 kein einziger Diktator mit diesem Transferbetrag. Gemäß der theoretischen Vorhersage müssten jedoch alle Diktatoren 50 Punkte transferieren. Aus Abbildung 11 wird ersichtlich, dass sich die Drittpartei insbesondere bei geringen Transferbeträgen für teilweise hohe Sanktionen beim Diktator entscheidet. Diese beobachtete Entscheidung steht ebenfalls im Widerspruch zur theoretischen Vorhersage für das Verhalten der Drittpartei. Demnach liefert die Theorie von Bolton/Ockenfels (2000) keine zuverlässige Vorhersage sowohl für das Verhalten des Diktators als auch für das Verhalten der Drittpartei.

6.6 Vergleich mit Fehr/Schmidt (1999)

Die Theorie der Ungleichheitsaversion von Fehr/Schmidt (1999) sagt einen Transferbetrag von 50 Punkten und eine Sanktion vorher, wenn der Transferbetrag in beliebige Richtung von 50 Punkten abweicht. Die im Experiment beoabachteten Transferbeträge lagen überwiegend unter 50 Punkte und widersprechen damit der theoretischen Vorhersage. Für den Vergleich der theoretischen Vorhersage mit dem Sanktionsverhalten der Drittpartei werden an dieser Stelle die Sanktionen beim Diktator und Empfänger herangezogen. Aus der Tabelle 6 geht hervor, dass Drittparteien bei Transferbeträgen unter 50 Punkte den Diktator und bei Transferbeträgen über 50 Punkte den Empfänger deutlich sanktionieren. Die Sanktion fällt bei der egalitären Verteilung von 50 Punkten am geringsten aus. Dieses Verhalten zeigt tatsächlich eine Ungleichheitsaversion bei der Drittpartei auf. Die Drittpartei neigt demnach zu einer Angleichung von Auszahlungen, indem sie eigenes Einkommen für einen ausgleichenden Punktabzug aufgibt. Die Theorie der Ungleichheitsaversion von Fehr/Schmidt (1999) kann zwar nicht das Verhalten des Diktators vorhersagen, trifft allerdings bei der Vorhersage für das Verhalten der Drittpartei zu.

6.7 Vergleich mit Levine (1998)

Die Theorie des Altruismus von Levine (1998) sagt einen Transfer und eine Sanktion für Transferbeträge unter der sozialen Norm vorher. Mit einem durchschnittlichen Transferbetrag von 15,6 (T1) und 28,9 (T2) Punkten entspricht das beobachtete Verhalten des Diktators der theoretischen Vorhersage. Beim Verhalten der Drittpartei lassen sich in Abbildung 11 deutliche Sanktionen bei Transferbeträgen unter der sozialen Norm erkennen. In diesem Bereich stimmt die theoretische Vorhersage mit den Beobachtungen überein. Für Transferbeträge über der sozialen Norm von 38,11 Punkten weicht die beobachtete Sanktion jedoch von der Vorhersage ab. Obwohl der Diktator mit einem hohen Transferbetrag seine altruistischen Präferenzen offen legt, entscheidet sich die Drittpartei für eine, wenn auch geringe, Sanktion. Die Theorie des Altruismus von Levine (1998) sagt demnach das Verhalten des Diktators richtig und das Verhalten der Drittpartei teilweise richtig vorher.

6.8 Vergleich mit Rabin (1993)

Die Theorie von Rabin (1993) sagt für das Verhalten der Drittpartei eine Sanktion beim Diktator vorher, wenn der Transferbetrag unter der sozialen Norm liegt und er damit gemäß der Hypothese aus dieser Theorie eine unfreundliche Behandlung des Empfängers aufzeigt. Im Experiment wurden sowohl Sanktionen für Transferbeträge unter als auch über der sozialen Norm von 38,11 Punkten beobachtet. Somit stimmt die Vorhersage dieser Theorie teilweise mit der Beobachtung im Experiment überein.

6.9 Vergleich mit Andreoni (1989)

Der theoretische Ansatz zum Altruismus von Andreoni (1989) sagt einen Transferbetrag und keine Sanktion vorher. Im Experiment wurden positive Transferbeträge beobachtet und stimmen somit mit der theoretischen Vorhersage überein. Inkonsistent mit der Vorhersage ist allerdings die Beobachtung des Sanktionsverhaltens der Drittpartei. Sanktionen konnten für fast alle möglichen Transferbeträge beobachtet werden. Demnach kann die Theorie von Andreoni (1989) zwar das Verhalten des Diktators vorhersagen, liegt aber bei der Vorhersage für das Verhalten der Drittpartei falsch.

7 Abschlussbetrachtung

7.1 Fazit

Dieser Arbeit liegen soziale Normen und ihre Bedeutung für die gesellschaftliche Wohlfahrt als Untersuchungsgegenstand zugrunde. Es wurden drei Forschungsfragen aufgeworfen und mit Hilfe von ökonomisch-experimentellen Methoden beantwortet.

(1) Kann die Kommunikation sozialer Normen unter Spielern in einer kleinen Gesellschaft die Höhe der Wohlfahrt verbessern? (2) Können Einkommensdisparitäten zwischen Spielern einer kleinen Gesellschaft durch die Kommunikation sozialer Normen reduziert werden? (3) Trifft die hypothetische Annahme einer geltenden egalitären Verteilungsnorm im Diktatorspiel mit sanktionierender Drittpartei zu?

Für die Beantwortung dieser Forschungsfragen wurde ein Laborexperiment aufbauend auf den Referenzstudien von Fehr/Fischbacher (2004) und Bernhard et al. (2006) entworfen und mit 54 Studierenden der Universität Paderborn durchgeführt. Der Versuchsaufbau umfasste zwei Treatments, die sich allein durch die Abfrage des angemessenen Transferbetrags bei allen im Labor anwesenden Drittparteien und der anschließenden Kommunikation dieses Mittelwerts an alle Spieler im Treatment 2 unterschieden. Mit diesem alleinigen Unterschied zwischen beiden Treatments war es möglich, die Wirkung der Kommunikation sozialer Normen auf das Verhalten der Spieler und die daraus resultierende gesellschaftliche Wohlfahrt zu untersuchen. Aus dem Vergleich des Spielerverhaltens zwischen den Treatments wurden folgende Untersuchungsergebnisse gewonnen:

(1) Die deskriptive Analyse der Wohlfahrtshöhe zeigt eine um 20% höhere Wohlfahrt auf, wenn soziale Normen in einer Spielergruppe kommuniziert werden. Hierbei sind auch die individuellen Endpunktestände aller drei Spieler einer Gruppe im Treatment 2 durchschnittlich höher als im Treatment 1. Die nicht-parametrische Prüfung der Hypothese zur positiven Wirkung der Kommunikation sozialer Normen auf die Wohlfahrtshöhe ergab einen schwachen Zusammenhang auf dem 10%-Niveau. Ein deskriptiver Vergleich von Transferbeträgen und Sanktionen beider Treatments lieferte Anzeichen für Verhaltensänderungen beim Diktator und der Drittpartei als Ursache für den Anstieg der Wohlfahrtshöhe im Treatment 2. Die nicht-parametrische Prüfung der Hilfshypothesen zu diesen vermuteten Ursachen ergab einen schwachen Zusammenhang zwischen der Kommunikation sozialer Normen und der Normeinhaltung durch den Diktator auf dem 10%-Niveau.

Zwischen der Kommunikation sozialer Normen und dem Sanktionsverhalten der Drittpartei konnte teilweise ein Zusammenhang auf dem 10%-Niveau festgestellt werden, wenn geringe Transferbeträge vorlagen. Diese Ergebnisse liefern eine erste experimentelle Evidenz für den positiven Effekt von kommunizierten sozialen Normen auf die Höhe der gesellschaftlichen

Wohlfahrt, indem sie die Normeinhaltung fördern und das Sanktionsverhalten teilweise reduzieren.

(2) Hinsichtlich der Wohlfahrtsverteilung lieferte die deskriptive Analyse erste Anzeichen für die Reduktion von Einkommensdiskrepanzen zwischen Diktator und Empfänger. Während diese Diskrepanz in der Literatur und im Treatment 1 bei ungefähr 4:1 lag, reduzierte sie sich im Treatment 2 auf etwa 2,5:1. Die nicht-parametrische Prüfung der Hypothese zur positiven Wirkung der Kommunikation sozialer Normen auf die Wohlfahrtsverteilung zwischen Diktator und Empfänger konnte einen Zusammenhang jedoch nicht bestätigen. Somit liefert diese Untersuchung lediglich einen deskriptiven Anhaltspunkt für den positiven Effekt der Kommunikation sozialer Normen auf die Verteilung der gesellschaftlichen Wohlfahrt, die an dieser Stelle jedoch nicht normativ belastbar ist.

(3) Der von Drittparteien angegebene, als angemessen empfundene Transferbetrag ergab im Mittelwert 38,11 Punkte und stellte die geltende soziale Norm aus Sicht der Drittparteien dar. Diese Messung weicht deutlich von der hypothetischen Annahme von 50 Punkten in der Literatur ab und liefert einen Grund zur Annahme, dass zumindest ein Teil der Gesellschaft nicht zwangsläufig an einer Gleichverteilung von Einkommen interessiert ist.

Ein Großteil der relevanten Theorien kann das Verhalten der Spieler im Experiment nicht zuverlässig vorhersagen. Einzig die Vorhersagen von Levine (1998) und Andreoni (1989) stimmen mit dem beobachteten Verhalten des Diktators überein. Das Sanktionsverhalten der Drittpartei kann lediglich die Theorie von Fehr/Schmidt (1999) richtig vorhersagen. In diesem Zusammenhang liefern die Theorien von Falk/Fischbacher (2006), Levine (1998) und Rabin (1993) teilweise richtige Vorhersagen.

Die Erkenntnisse dieser Untersuchung sind ferner konsistent mit der experimentellen Evidenz in der Literatur, die einen positiven Effekt von „cheap talk" und verbindlichen Verträgen auf das Einkommen festgestellt haben (Feltovich/Swierzbinski 2011: 558). „Cheap talk", die Möglichkeit zur unverbindlichen Kommunikation zwischen Spielern und verbindliche Verträge, die Spieler auch im Rahmen von Kommunikationsmöglichkeiten eingehen können, reduzieren demnach strategische Unsicherheiten und können die gesellschaftliche Wohlfahrt erhöhen (ebd).

Aus den Ergebnissen der vorliegenden Untersuchung lässt sich die Erkenntnis ableiten, dass sich die Kommunikation sozialer Normen positiv auf die gesellschaftliche Wohlfahrt auswirken kann und dieser Zusammenhang einer tiefergehenden Analyse bedarf. Das Fehlen von Theorien mit zuverlässiger Vorhersagekraft für das Verteilungs- und Sanktionsverhalten von Spielern einer Gesellschaft macht eine Erweiterung bestehender und eine Entwicklung neuer Theorien aus wissenschaftlicher und betrieblicher Sicht notwendig.

7.2 Handlungsempfehlungen für die Praxis

Die Ergebnisse der vorliegenden Untersuchung lassen sich auf eine Vielzahl von betriebswirtschaftlichen Situationen übertragen. An dieser Stelle werden die gewonnenen Erkenntnisse auf das eingangs erläuterte Praxisbeispiel projiziert und folgende Handlungsempfehlungen abgeleitet:

(1) Eine fehlende Kommunikation der Erwartungshaltung an den neuen Mitarbeiter kann zu (unbeabsichtigten) Normverletzungen des Mitarbeiters und darauf folgende informelle Sanktionen durch den Vorgesetzten führen. Der daraus entstehende Schaden kann für alle Beteiligten erheblich sein. Durch die Verletzung der informellen Regel, das Trinkgeld zu teilen, reduziert sich die gemeinschaftliche Wohlfahrt des Unternehmens und es entsteht eine Diskrepanz in den Auszahlungen zwischen dem neuen Mitarbeiter und seinem Kollegen. Geringere Einkommen und zunehmende Entgeltspreizungen der Mitarbeiter können zu einer Reduktion von Zufriedenheit und Produktivität führen (Pfeffer/Langton 1993: 382).

Normverletzungen von neuen Mitarbeitern lassen sich mit Hilfe von Maßnahmen für eine optimale interne Kommunikation im Unternehmen reduzieren. Dazu bedarf es einer internen Kommunikationsstrategie, die systematisch in die übergeordnete Unternehmenskommunikation (intern und extern) eingegliedert ist (Meier 2002: 15-18). Zu den konkreten Maßnahmen, die Normverletzungen von neuen Mitarbeitern vorbeugen, zählen beispielsweise regelmäßig erscheinende Mitarbeiterzeitschriften, Veröffentlichungen im Intranet/Internet, Dokumentationen an neue Mitarbeiter und Beschwerdebriefkästen (Meier 2002: 86).

(2) Gemäß der in dieser Arbeit verwendeten Definition existieren soziale Normen immer in einem gegebenen sozialen Umfeld (Axelrod 1986: 1097). Veränderungen im Personalbestand eines Unternehmens führen gleichzeitig zu Änderungen im gegebenen sozialen Umfeld, aus der auch eine Änderung der sozialen Norm resultieren kann.

Der ständige Wandel von Unternehmen und des Personalbestands induziert einen ständigen Wandel der informellen sozialen Normen. Daher ist ein kontinuierlicher Austausch der Erwartungshaltungen von Mitarbeitern und Führungskräften wichtig, um die gemeinschaftliche Auszahlung und ihre Verteilung unter den Mitarbeitern nicht durch (unbeabsichtigte) Normverletzungen zu verschlechtern.

7.3 Identifizierter Forschungsbedarf

Aus der vorliegenden Untersuchung wurde folgender Forschungsbedarf für weiterführende Studien identifiziert.

(1) Der vorliegenden Untersuchung liegt ein Datensatz mit insgesamt 18 Beobachtungen zugrunde, die sich zu je neun Beobachtungen auf zwei Treatments verteilen. Eine höhere Anzahl an Beobachtungen für beide Treatments könnte insbesondere die statistische Überprüfung der Hypothesen verbessern und die Signifikanz der Ergebnisse erhöhen. Eine höhere Anzahl an Beobachtungen wäre auch für die Messung der sozialen Norm hilfreich, da die bisherige Anzahl an Beobachtungen den Einfluss von Ausreißern erhöht und den Mittelwert verfälschen kann. Hierbei ist von Interesse, ob die gemessene soziale Verteilungsnorm von etwa 38% auch bei einer größeren Anzahl von Beobachtungen bestätigt werden kann.

(2) In der vorliegenden Untersuchung wurde die soziale Norm von der Drittpartei abgefragt und an die Mitspieler kommuniziert. Damit repräsentiert die kommunizierte soziale Norm das Meinungsbild der Drittpartei, die auch gleichzeitig das Sanktionspotential besitzt. Eine Abwandlung des experimentellen Designs hin zur Abfrage der sozialen Norm bei Empfängern ermöglicht die Prüfung, welche Rolle die Sanktionsmacht auf die Wirkung eines kommunizierten Meinungsbilds besitzt. Mit dieser Erkenntnis könnten die Handlungsempfehlungen für die innerbetriebliche Gestaltung der Kommunikation von Erwartungshaltungen erweitert werden.

(3) Als experimentelles Modell wurde in dieser Arbeit das Diktatorspiel als Verteilungsproblem herangezogen. Experimentelle Evidenz für die Bedeutung der Kommunikation sozialer Normen auf die Höhe und Verteilung der gesellschaftlichen Wohlfahrt könnte auch anhand von anderen experimentellen Modellen der Spieltheorie gewonnen werden. Als mögliche Spiele kommen beispielsweise das Public-Goods Spiel und das Gefangenendilemma in Frage.

Literaturverzeichnis

Andreoni, J. (1989): *Giving with Impure Altruism: Applications to Charity and Ricardian Equivalence.* In: Journal of Political Economy, Vol. 97(6): 1447-1458.

Axelrod, R. (1986): *An Evolutionary Approach to Norms.* In: American Political Science Review, Vol. 80(4): 1095-1111.

Bellemare, C. und Kröger, S. (2003): *On Representative Trust.* Tilburg University, CentER Arbeitspapier Nr. 2003-47 vom 10.09.2003.

Bernhard, H. und Fehr, E. und Fischbacher, U. (2006): *Group Affiliation and Altruistic Norm Enforcement.* In: The American Economic Review, Vol 96(2): 217-221.

Bettenhausen, K. und Murninghan J. K. (1985): *The Emergence of Norms in Competitive Decision-Making Groups.* In: Administrative Science Quarterly, Vol 30: 350-372.

Bicchieri, C. (2006): *The Grammar of Society. The Nature and Dynamics of Social Norms.* Cambridge University Press, New York.

Birenbaum, A. und Sagarin, E. (1976): *Norms and Human Behavior.* Praeger Publishers, New York.

Bolton, G. E. und Ockenfels A. (2000): *ERC: A Theory of Equity, Reciprocity, and Competition.* In: The American Economic Review, Vol. 90(1): 166-193.

Bortz, J. und Lienert, G. A. (2008): *Kurzgefasste Statistik für die Klinische Forschung. Leitfaden für die verteilungsfreie Analyse kleiner Stichproben.* 3. Auflage. Springer Verlag, Heidelberg.

Brandts, J. und Charness, G. (2000): *Hot vs. Cold: Sequential Resonses and Preference Stability in Experimental Games.* In: Experimental Economics, Vol. 2:227-238.

Camerer, C. F. (2003): *Behavioral Game Theory - Experiments in Strategic Interaction.* Princeton University Press, New Jersey.

Camerer, C. F. und Fehr, E. (2004): *Measuring Social Norms and Preferences Using Experimental Games: A Guide for Social Scientists.* In: Henrich, J.; Boyd, R.; Bowles, S.; Camerer, C.; Fehr, E. und Gintis, H.: *Foundations of human sociality.* Oxford University Press, New York.

Camerer, C. F. und Hogarth, R. M. (1999): *The Effects of Financial Incentives in Experiments: A Review and Capital-Labor-Production Framework*. In: Journal of Risk and Uncertainty, Vol. 19(1-3): 7-42.

Carpenter, J. P. und Matthews, P. H. (2010): *Norm Enforcement: The Role of Third Parties*. In: Journal of Institutional and Theoretical Economics, Vol. 166: 239-258.

Cason, T. N. und Mui, V. L. (1998): *Social Influence in the Sequential Dictator Game*. In: Journal of Mathematical Psychology, Vol 42: 248-265.

Clavien, C. und Klein, R. A. (2010): *Eager for Fairness or for Revenge? Psychological Altruism in Economics*. In: Economics and Philosophy, Vol. 26: 267-290.

Cooper, D. J.; Kagel, J. H.; Lo, W. und Gu, Q. L. (1999): *Gaming Against Managers in Incentive Systems: Experimental Results with Chinese Students and Chinese Managers*. In: The American Economic Review, Vol. 89(4): 781-804.

Croson, R. (2002): *Why and How to Experiment: Methodologies from Experimental Economics*. In: University of Illinois Law Review, Vol. 2002(4): 921-945.

Croson, R. (2005): *The Method of Experimental Economics*. In: International Negotiation, Vol. 10: 131-148.

Elster, J. (1989): *The cement of society. A study of social order*. Press Syndicate of the University of Cambridge, New York.

Falk, A. und Fehr, E. (2003): *Why labour market experiments?* In: Labour Economics, Vol. 10: 399-406.

Falk, A. und Fischbacher, U. (2006): *A theory of reciprocity*. In: Games and Economic Behavior, Vol. 54: 293-315.

Fehr, E. und Fischbacher, U. (2004): *Third-party punishment and social norms*. In: Evolution and Human Behavior, Vol. 25: 63-87.

Fehr, E.; Fischbacher, U. und Gächter, S. (2002): *Strong Reciprocity, Human Cooperation, and the Enforcement of Social Norms*. In: Human Nature, Vol. 13(1): 1-25.

Fehr, E. und Gächter, S. (2002): *Altruistic punishment in humans*. In: Nature, Vol. 415(6868): 137-140.

Fehr, E. und List, J. A. (2004): *The Hidden Costs and Returns of Incentives – Trust and Trustworthiness among CEOs.* In: Journal oft he European Economic Association, Vol 2(5): 743-771.

Fehr, E. und Schmidt, K. M. (1999): *A Theory of Fairness, Competition, and Cooperation.* In: Quarterly Journal of Economics, Vol. 114(3): 817-868.

Feltovich, N. und Swierzbinski, J. (2011): *The role of strategic uncertainty in games: An experimental study of cheap talk and contracts in the Nash demand game.* In: European Economic Review, Vol. 55: 554-574.

Fischbacher, U. (2007): *z-Tree: Zurich toolbox for ready-made economic experiments.* In: Experimental Economics, Vol. 10(2): 171-178.

Fowler, J. H. (2005): *Altruistic punishment and the origin of cooperation.* In: Proceedings of the National Academy of Sciences (PNAS), Vol. 102(19): 7047-7049.

Friedman, D. und Cassar, A. (2004): *First Principles – Induced Value Theory.* In: Friedman, D. und Cassar, A. (Hrsg.): Economics Lab: An intensive Course in Experimental Economics. Routledge, London.

Goette, L.; Huffman, D. und Meier, S. (2006): *The Impact of Group Membership on Cooperation and Norm Enforcement: Evidence Using Random Assignment to Real Social Groups.* In: The American Economic Review, Vol. 96(2): 212-216.

Harrison, G. W.; Lau, M. I. und Williams, M. B. (2002): *Estimating Individual Discount Rates in Denmark: A Field Experiment.* In: The American Economic Review, Vol. 92(5): 1606-1617.

Kandori, M. (1992): *Social Norms and Community Enforcement.* In: Review of Economic Studies, Vol. 59: 63-80.

Kirchgässner, G. (2008): *Homo Eoconomicus. The Economic Model of Behaviour and Its Applications in Economics and Other Social Sciences.* Springer Verlag, New York.

Krupka, E. und Weber, R. A. (2009): *The focusing and informational effects of norms on pro-social behavior.* In: Journal of Economic Psychology, Vol. 30: 307-320.

Krupka, E. und Weber, R. A. (2008): *Identifying Social Norms Using Coordination Games: Why Does Dictator Game Sharing Vary?* Forschungsinstitut zur Zukunft der Arbeit, Arbeitspapier Nr. 3860.

Levine, D. K. (1998): *Modeling Altruism and Spitefulness in Experiments*. In: Review of Economic Dynamics, Vol. 1: 593-622.

Levitt, S. D. und List, J. A. (2009): *Field experiments in economics: The past, the present, and the future*. In: European Economic Review, Vol. 53: 1-18.

McGrath, J. E. (1984): *Groups: Interachtion and Performance*. Prentice-Hall, New Jersey.

Meier, P. (2002): *Interne Kommunikation im Unternehmen. Von der Hauszeitung bis zum Intranet*. Dissertation an der Universität Zürich. Orell Füssli Verlag, Zürich.

Opp, K. D. (1979): *The Emergence and Effects of Social Norms. A Confrontation of some Hypotheses of Sociology and Economics*. In: Kyklos, Vol. 32(4): 775-801.

Ostrom, E. (2000): *Collective Action and the Evolution of Social Norms*. In: Journal of Economic Perspectives, Vol. 14(3): 137-158.

Pfeffer, J. und Langton, N. (1993): *The Effect of Wage Dispersion on Satisfaction, Productivity, and Working Collaboratively: Evidence from College and University Faculty*. In: Administrative Science Quarterly, Vol. 38: 382-407.

Pfister, J. (2009): *Managing Organizational Culture for Effective Internal Control. From Practice to Theory*. Dissertation an der Universität Zürich. Physica Verlag, Berlin.

Plott, C. R. (1982): *Industrial Organization Theory And Experimental Economics*. In Journal of Economic Literature, Vol. 20(4): 1485-1527.

Posner, R. A. (1997): *Social Norms and the Law: An Economic Approach*. In: The American Economic Review, Vol. 87(2): 365-369.

Rabin, M. (1993): *Incorporating Fairness into Game Theory and Economics*. In: The American Economic Review, Vol. 83(5): 1281-1302.

Raven, B. H. und Rubin J. Z. (1976): *Social Psychology: People in Groups*. John Wiley & Sons, New York.

Roth, A. E. (1986): *Laboratory Experimentation in Economics*. In: Economics and Philosophy, Vol. 2: 245-273.

Sauermann, H. und Selten, R. (1967): *Zur Entwicklung der experimentellen Wirtschaftsforschung*. In: Sauermann, H.: Beiträge zur experimentellen Wirtschaftsforschung. Band 1. J. B. C. Mohr (Paul Siebeck), Tübingen.

Selten, R. (1967): *Die Strategiemethode zur Erforschung des eingeschränkt rationalenVerhaltens im Rahmen eines Oligopolexperimentes*. In: Sauermann, H.: Beiträge zur experimentellen Wirtschaftsforschung. Band 1. J. B. C. Mohr (Paul Siebeck), Tübingen.

Sherif, M. und Sherif, C. W. (1969): *Social Psychology*. Harper International Edition. New York.

Simon, H. A. (1955): *A Behavioral Model of Rational Choice*. In: Quarterly Journal of Economics, Vol. 69(1): 99-118.

Smith, V. L. (1976*): Experimental Economics: Induced Value Theory*. In: American Economic Review, Vol. 66(2): 274-279.

Anhang

Anhang 1: Definitionen von sozialen Normen

Krupka/Weber 2008: 4	„shared perceptions, among members of a population, regarding the appropriateness of different behaviors. They are things that people in the population jointly recognize one should or should not do, and who belong tot he population expect others to be aware of and understand this agreement."
Elster 1989: 99	„I define social norms by the feature that they are *not outcome-oriented*. The simplest social norms are of the type: Do *X*, or: Don't do *X*. More complex norms say: If you do Y, then do X, or: If others do Y, then do X. More complex norms still might say: Do X if ti would be good if everyone did X."
Bettenhauser/ Murninghan 1985: 350	„regular behavior patterns that are relatively stable and expected by a group's members [...] They need not to be explicitly recognized or discussed to wield considerable behavioral force." „Social norms are among the least visible and most powerful forms of social control over human action."
Fehr/Gächter 2000: 166	„1) a behavioral regularity; that is 2) based on a socially shared belief of how one ought to behave; which triggers 3) the enforcement oft he prescribed behavior by informal social sanctions. Thus, a social norm can be thought of as a sort of behavioral public good, in which everybody should make a positive contribution-that is, follow the social norm- and also where individuals must be willing to enforce the social norm with informal social sanctions, even at some immediate cost to themselves."
Bichieri 2006: 8	"Social norms are, like legal ones, public and shared, but, unlike legal rules, which are supported by formal sanctions, social norms may not be enforced at all. When they are enforced, the sanctions are informal, as when the violation

	of a group norm brings about responses that range from gossip to open censure, ostracism, or dishonor for the transgressor."
Ostrom 2000: 143-144	„shared understandings about actions that are obligatory, permitted, or forbidden [...] Which norms are learned, however, varies from one culture to another, across families, and with exposure to diverse social norms expressed within various types of situations"
Sherif/Sherif 1969: 141	„1. Social norms does not necessarily refer to the average behavior by members of a social unit, or even to what is typical." „2. Social norms are standardized generalizations that epitomize events, behavior, objects or persons in short-cut form. Like a verbal category or rule, a social norm applies to classes of objects (e.g., persons, behaviors, or events)." "3. A social norm is evaluative, designating both what is valued and what is scorned, what is expected (even ideal) and what is degrading, what ought to be and what ought not to be, what is acceptable and what is objectionable." "4. Being generalizations, social norms typically define a rage or latitude of what is permissible or acceptable, and a range of actions and beliefs that are objectionable. In other words, social norms take note of the universal facts of individual differences, of varying circumstances, and of novelty by designating ranges of positive and negative evaluation, not absolutes." "A social norm is an evaluative scale (e.g. yardstick) designating an acceptable latitude and an objectionable latitude for behavior, activity, events, beliefs, or any other object of concern to members of a social unit."

Anhang 2: Hypothesentest zur Höhe der Wohlfahrt

Um die Hypothese zur Höhe der Wohlfahrt zu prüfen, werden die Endpunktestände der Spielergruppen im T1 und T2 mit dem Mann-Whitney U-Test auf Unterschied geprüft:

Nullhypohese (H_0): Im Endpunktestand der Spielergruppen liegt zwischen T1 und T2 kein Unterschied vor.

Alternativhypothese (H_1): Der Endpunktestand der Spielergruppen ist im T2 höher als im T1 (gerichtete Alternativhypothese).

Signifikanzniveau: $\alpha_1 = 0{,}05$; $\alpha_2 = 0{,}10$

Punktestände der Gruppen	
N1 = 9 (T1)	N2 = 9 (T2)
126	150
106	134
150	134
102	110
90	150
150	146
110	150
150	150
70	142

Rang	Wert	Treatment
1	70	T1
2	90	T1
3	102	T1
4	106	T1
5,5	110	T1
5,5	110	T2
7	126	T1
8,5	134	T2
8,5	134	T2
10	142	T2
11	146	T2
15	150	T1
15	150	T1
15	150	T1
15	150	T2
15	150	T2
15	150	T2
15	150	T2

$T_1 = 67{,}5$

$T_2 = 103{,}5$

Kontrolle: $T_1 + T_2 = (N_1 + N_2) * (N_1 + N_2 + 1) / 2 = 171 = (18) * (19/2) = 171$

$U_1 = 58{,}5 \quad U_2 = 22{,}5$

$U = \min\{58{,}5 \,;\, 22{,}5\} = 22{,}5$

$P = 0{,}057$ (gerichteter Test)

$0{,}057 > 0{,}05$ ☐☐ H_0 auf dem 5%-Niveau beibehalten.

$0{,}057 < 0{,}10$ ☐☐ H_0 auf dem 10%-Niveau verwerfen. H_1 gilt als bestätigt.

Ergebnis: Auf dem 5%-Niveau liegt zwischen dem Endpunktestand der Spielergruppen im T1 und T2 kein Unterschied vor. Auf dem 10%-Niveau ist der Endpunktestand der Spielergruppen im T2 höher als im T1.

Hinweis: Durchführung und kritische Werte aus Bortz/Lienert (2008: 140-150, 393-401).

Anhang 3: Hypothesentest zur Normeinhaltung

Um die Hypothese zur Normeinhaltung zu prüfen, werden die Transferbeträge der Diktatoren (*A2B*) beider Treatments mit dem Mann-Whitney U-Test auf Unterschied geprüft:

Nullhypohese (H_0): Im Transferbetrag liegt zwischen T1 und T2 kein Unterschied vor.
Alternativhypothese (H_1): Der Transferbetrag ist im T2 höher als im T1 (gerichtete Alternativhypothese).
Signifikanzniveau: $\alpha_1=0{,}05$; $\alpha_2=0{,}10$

A2B	
N1 = 9 (T1)	N2 = 9 (T2)
10	50
10	50
0	10
40	30
20	0
0	0
20	50
40	50
0	20

Rang	Wert	Treatment
3	0	T1
3	0	T1
3	0	T1
3	0	T2
3	0	T2
7	10	T1
7	10	T1
7	10	T2
10	20	T1
10	20	T1
10	20	T2
12	30	T2
13,5	40	T1
13,5	40	T1
16,5	50	T2
16,5	50	T2
16,5	50	T2
16,5	50	T2

$T_1 = 70$

$T_2 = 101$

Kontrolle: $T_1 + T_2 = (N_1 + N_2) * (N_1 + N_2 + 1) / 2 = 171 = (18) * (19/2) = 171$

$U_1 = 56$ $U_2 = 25$

$U = \min\{56\,;\,25\} = 25$

P = 0,095 (gerichteter Test)

0,095 > 0,05 □□ H_0 auf dem 5%-Niveau beibehalten.

0,095 < 0,10 □□ H_0 auf dem 10%-Niveau verwerfen. H_1 gilt als bestätigt.

Ergebnis: Auf dem 5%-Niveau liegt zwischen dem Transferbetrag im T1 und T2 kein Unterschied vor. Auf dem 10%-Niveau ist der Transferbetrag im T2 höher als im T1.

Hinweis: Durchführung und kritische Werte aus Bortz/Lienert (2008: 140-150, 393-401).

Anhang 4: Hypothesentests zum Sanktionsverhalten

Im Nachfolgenden wird mit dem Mann-Whitney U-Test gerüft, ob ein Unterschied für die Sanktionshöhen beim Diktator (C2A) zwischen T1 und T2 vorliegt. Dieser Test erfolgt für den vollständigen Verhaltensplan der Drittpartei (C2A0 bis C2A100).

Nullhypohese (H_0): In der Sanktionshöhe liegt zwischen T1 und T2 kein Unterschied vor.
Alternativhypothese (H_1): Die Sanktionshöhe ist im T2 geringer als im T1 (gerichtete Alternativhypothese).
Signifikanzniveau: $\alpha_1 = 0{,}05$; $\alpha_2 = 0{,}10$

Anhang 4.1: C2A0

Rang	Wert	Treatment
4	0	T1
4	0	T1
4	0	T1
4	0	T2
4	0	T2
4	0	T2
4	0	T2
8,5	3	T2
8,5	3	T2
10	15	T2
11	18	T1
12	21	T2
13	30	T2
14	42	T1
15,5	60	T1
15,5	60	T1
17	78	T1
18	80	T1

C2A0	
N1 = 9 (T1)	N2 = 9 (T2)
18	0
42	21
0	15
81	30
78	0
0	3
60	0
0	0
60	3

$T_1 = 103$ $T_2 = 68$

Kontrolle: $T_1 + T_2 = (N_1 + N_2) * (N_1 + N_2 + 1) / 2 = 171 = (18) * (19/2) = 171$

$U_1 = 23$ $U_2 = 58$

$U = \min\{23 ; 58\} = 23$

$P = 0{,}068$ (gerichteter Test)

$0{,}068 > 0{,}05$ ☐☐ H_0 auf dem 5%-Niveau beibehalten.

$0{,}068 < 0{,}10$ ☐☐ H_0 auf dem 10%-Niveau verwerfen. H_1 gilt als bestätigt.

Ergebnis: Auf dem 5%-Niveau liegt beim Transferbetrag von 0 Punkten in der Sanktionshöhe zwischen T1 und T2 kein Unterschied vor. Auf dem 10%-Niveau ist die Sanktionhöhe im T2 geringer als im T1.

Hinweis: Durchführung und kritische Werte aus Bortz/Lienert (2008: 140-150, 393-401).

Anhang 4.2: C2A10

C2A10	
N1 = 9 (T1)	N2 = 9 (T2)
18	0
33	18
0	12
78	30
60	0
0	54
45	0
0	0
42	3

Rang	Wert	Treatment
4	0	T1
4	0	T1
4	0	T1
4	0	T2
4	0	T2
4	0	T2
4	0	T2
8	3	T2
9	12	T2
10,5	18	T2
10,5	18	T1
12	30	T2
13	33	T1
14	42	T1
15	45	T1
16	54	T2
17	60	T1
18	78	T1

$T_1 = 99,5$ $T_2 = 71,5$

Kontrolle: $T_1 + T_2 = (N_1 + N_2) * (N_1 + N_2 + 1) / 2 = 171 = (18) * (19/2) = 171$

$U_1 = 26,5$ $U_2 = 54,5$

$U = \min\{26,5 ; 54,5\} = 26,5$

P = 0,111 (gerichteter Test)

0,111 > 0,05 □□ H_0 auf dem 5%-Niveau beibehalten.

0,111 < 0,10 □□ H_0 auf dem 10%-Niveau beibehalten.

Ergebnis: Beim Transferbetrag von 0 Punkten liegt in der Sanktionshöhe zwischen T1 und T2 kein Unterschied vor.

Hinweis: Durchführung und kritische Werte aus Bortz/Lienert (2008: 140-150, 393-401).

Anhang 4.2: C2A10*

C2A10*	
N1 = 9 (T1)	N2 = 8 (T2)
18	0
33	18
0	12
78	30
60	0
0	
45	0
0	0
42	3

Rang	Wert	Treatment
4	0	T1
4	0	T1
4	0	T1
4	0	T2
4	0	T2
4	0	T2
4	0	T2
8	3	T2
9	12	T2
10,5	18	T2
10,5	18	T1
12	30	T2
13	33	T1
14	42	T1
15	45	T1
16	60	T1
17	78	T1

$T_1 = 97,5$ $T_2 = 55,5$

Kontrolle: $T_1 + T_2 = (N_1 + N_2) * (N_1 + N_2 + 1) / 2 = 153 = (17) * (18/2) = 153$

$U_1 = 19,5$ $U_2 = 52,5$

$U = \min\{19,5 ; 52,5\} = 19,5$

P = 0,057 (gerichteter Test)

0,057 > 0,05 ▢▢ H_0 auf dem 5%-Niveau beibehalten.

0,057 < 0,10 ▢▢ H_0 auf dem 10%-Niveau verwerfen.

Ergebnis: Auf dem 5%-Niveau liegt beim Transferbetrag von 10 Punkten in der Sanktionshöhe[25] zwischen T1 und T2 kein Unterschied vor. Auf dem 10%-Niveau ist die Sanktionhöhe im T2 geringer als im T1.

Hinweis: Durchführung und kritische Werte aus Bortz/Lienert (2008: 140-150, 393-401).

---

[25] Ohne dem Ausreißer von 54 Punkten im T2.

Anhang 4.3: C2A20

C2A20	
N1 = 9 (T1)	N2 = 9 (T2)
18	0
24	15
0	9
51	30
45	0
0	6
30	0
0	0
36	3

Rang	Wert	Treatment
4	0	T1
4	0	T1
4	0	T1
4	0	T2
4	0	T2
4	0	T2
4	0	T2
8	3	T2
9	6	T2
10	9	T2
11	15	T2
12	18	T1
13	24	T1
14,5	30	T2
14,5	30	T1
16	36	T1
17	45	T1
18	51	T1

$T_1 = 102,5$ $T_2 = 68,5$

Kontrolle: $T_1 + T_2 = (N_1 + N_2) * (N_1 + N_2 + 1) / 2 = 171 = (18) * (19/2) = 171$

$U_1 = 23,5$ $U_2 = 57,5$

$U = \min\{23,5 ; 57,5\} = 23,5$

P = 0,068 (gerichteter Test)

0,068 > 0,05 □□ H_0 auf dem 5%-Niveau beibehalten.

0,068 < 0,10 □□ H_0 auf dem 10%-Niveau verwerfen. H_1 gilt als bestätigt.

Ergebnis: Auf dem 5%-Niveau liegt beim Transferbetrag von 20 Punkten in der Sanktionshöhe zwischen T1 und T2 kein Unterschied vor. Auf dem 10%-Niveau ist die Sanktionhöhe im T2 geringer als im T1.

Hinweis: Durchführung und kritische Werte aus Bortz/Lienert (2008: 140-150, 393-401).

Anhang 4.4: C2A30

C2A30	
N1 = 9 (T1)	N2 = 9 (T2)
15	0
21	12
0	6
39	24
21	0
0	15
15	0
0	0
30	3

Rang	Wert	Treatment
4	0	T1
4	0	T1
4	0	T1
4	0	T2
4	0	T2
4	0	T2
4	0	T2
8	3	T2
9	6	T2
10	12	T2
12	15	T1
12	15	T2
12	15	T1
14,5	21	T1
14,5	21	T1
16	24	T2
17	30	T1
18	39	T1

$T_1 = 100$ $T_2 = 71$

Kontrolle: $T_1 + T_2 = (N_1 + N_2) * (N_1 + N_2 + 1) / 2 = 171 = (18) * (19/2) = 171$

$U_1 = 26$ $U_2 = 55$

$U = \min\{26 ; 55\} = 26$

P = 0,111 (gerichteter Test)

0,111 > 0,05 ☐☐ H_0 auf dem 5%-Niveau beibehalten.

0,111 < 0,10 ☐☐ H_0 auf dem 10%-Niveau beibehalten.

Ergebnis: Beim Transferbetrag von 30 Punkten liegt in der Sanktionshöhe zwischen T1 und T2 kein Unterschied vor.

Hinweis: Durchführung und kritische Werte aus Bortz/Lienert (2008: 140-150, 393-401).

Anhang 4.5: C2A40

C2A40	
N1 = 9 (T1)	N2 = 9 (T2)
12	0
9	9
0	3
30	24
0	0
0	42
6	0
0	0
15	3

Rang	Wert	Treatment
4,5	0	T1
4,5	0	T1
4,5	0	T1
4,5	0	T1
4,5	0	T2
4,5	0	T2
4,5	0	T2
4,5	0	T2
9,5	3	T2
9,5	3	T2
11	6	T1
12,5	9	T2
12,5	9	T1
14	12	T1
15	15	T1
16	24	T2
17	30	T1
18	42	T2

$T_1 = 87,5$ $T_2 = 83,5$

Kontrolle: $T_1 + T_2 = (N_1 + N_2) * (N_1 + N_2 + 1) / 2 = 171 = (18) * (19/2) = 171$

$U_1 = 38,5$ $U_2 = 42,5$

$U = \min\{38,5 ; 42,5\} = 38,5$

P = 0,432 (gerichteter Test)

0,432 > 0,05 □□ H_0 auf dem 5%-Niveau beibehalten.

0,432 < 0,10 □□ H_0 auf dem 10%-Niveau beibehalten.

Ergebnis: Beim Transferbetrag von 40 Punkten liegt in der Sanktionshöhe zwischen T1 und T2 kein Unterschied vor.

Hinweis: Durchführung und kritische Werte aus Bortz/Lienert (2008: 140-150, 393-401).

Anhang 4.6: C2A50

C2A50	
N1 = 9 (T1)	N2 = 9 (T2)
9	0
0	6
0	0
0	15
0	0
0	18
0	0
0	0
18	3

Rang	Wert	Treatment
6,5	0	T1
6,5	0	T1
6,5	0	T1
6,5	0	T1
6,5	0	T1
6,5	0	T1
6,5	0	T1
6,5	0	T2
6,5	0	T2
6,5	0	T2
6,5	0	T2
6,5	0	T2
13	3	T2
14	6	T2
15	9	T1
16	15	T2
17,5	18	T2
17,5	18	T1

$T_1 = 78$ $T_2 = 93$

Kontrolle: $T_1 + T_2 = (N_1 + N_2) * (N_1 + N_2 + 1) / 2 = 171 = (18) * (19/2) = 171$

$U_1 = 48$ $U_2 = 33$

$U = \min\{48 ; 33\} = 33$

P = 0,273 (gerichteter Test)

0,273 > 0,05 □□ H_0 auf dem 5%-Niveau beibehalten.

0,273 < 0,10 □□ H_0 auf dem 10%-Niveau beibehalten.

Ergebnis: Beim Transferbetrag von 50 Punkten liegt in der Sanktionshöhe zwischen T1 und T2 kein Unterschied vor.

Hinweis: Durchführung und kritische Werte aus Bortz/Lienert (2008: 140-150, 393-401).

Anhang 4.7: C2A60

C2A60	
N1 = 9 (T1)	N2 = 9 (T2)
6	0
0	3
0	0
6	6
0	0
0	9
0	0
0	0
18	3

Rang	Wert	Treatment
6	0	T1
6	0	T1
6	0	T1
6	0	T1
6	0	T1
6	0	T1
6	0	T2
6	0	T2
6	0	T2
6	0	T2
6	0	T2
12,5	3	T2
12,5	3	T2
15	6	T1
15	6	T1
15	6	T2
17	9	T2
18	18	T1

$T_1 = 84$ $T_2 = 87$

Kontrolle: $T_1 + T_2 = (N_1 + N_2) * (N_1 + N_2 + 1) / 2 = 171 = (18) * (19/2) = 171$

$U_1 = 42$ $U_2 = 39$

$U = \min\{42\,;\,39\} = 39$

P = 0,466 (gerichteter Test)

0,466 > 0,05 □□ H_0 auf dem 5%-Niveau beibehalten.

0,466 < 0,10 □□ H_0 auf dem 10%-Niveau beibehalten.

Ergebnis: Beim Transferbetrag von 60 Punkten liegt in der Sanktionshöhe zwischen T1 und T2 kein Unterschied vor.

Hinweis: Durchführung und kritische Werte aus Bortz/Lienert (2008: 140-150, 393-401).

Anhang 4.8: C2A70

C2A70	
N1 = 9 (T1)	N2 = 9 (T2)
3	0
0	0
0	0
3	0
0	0
0	12
0	0
0	0
18	3

Rang	Wert	Treatment
7	0	T1
7	0	T1
7	0	T1
7	0	T1
7	0	T1
7	0	T1
7	0	T2
7	0	T2
7	0	T2
7	0	T2
7	0	T2
7	0	T2
7	0	T2
15	3	T1
15	3	T1
15	3	T2
17	12	T2
18	18	T1

$T_1 = 90$ $T_2 = 81$

Kontrolle: $T_1 + T_2 = (N_1 + N_2) * (N_1 + N_2 + 1) / 2 = 171 = (18) * (19/2) = 171$

$U_1 = 36$ $U_2 = 45$

$U = \min\{36 ; 45\} = 36$

P = 0,365 (gerichteter Test)

0,365 > 0,05 □□ H_0 auf dem 5%-Niveau beibehalten.

0,365 < 0,10 □□ H_0 auf dem 10%-Niveau beibehalten.

Ergebnis: Beim Transferbetrag von 70 Punkten liegt in der Sanktionshöhe zwischen T1 und T2 kein Unterschied vor.

Hinweis: Durchführung und kritische Werte aus Bortz/Lienert (2008: 140-150, 393-401).

Anhang 4.9: C2A80

C2A80	
N1 = 9 (T1)	N2 = 9 (T2)
0	0
0	0
0	0
0	0
0	0
0	9
0	0
0	0
18	3

Rang	Wert	Treatment
8	0	T1
8	0	T1
8	0	T1
8	0	T1
8	0	T1
8	0	T1
8	0	T1
8	0	T1
8	0	T2
8	0	T2
8	0	T2
8	0	T2
8	0	T2
8	0	T2
8	0	T2
16	3	T2
17	9	T2
18	18	T1

$T_1 = 82$ $T_2 = 89$

Kontrolle: $T_1 + T_2 = (N_1 + N_2) * (N_1 + N_2 + 1) / 2 = 171 = (18) * (19/2) = 171$

$U_1 = 44$ $U_2 = 37$

$U = \min\{44 ; 37\} = 37$

P = 0,398 (gerichteter Test)

0,398 > 0,05 ☐☐ H_0 auf dem 5%-Niveau beibehalten.

0,398 < 0,10 ☐☐ H_0 auf dem 10%-Niveau beibehalten.

Ergebnis: Beim Transferbetrag von 80 Punkten liegt in der Sanktionshöhe zwischen T1 und T2 kein Unterschied vor.

Hinweis: Durchführung und kritische Werte aus Bortz/Lienert (2008: 140-150, 393-401).

Anhang 4.10: C2A90

C2A90	
N1 = 9 (T1)	N2 = 9 (T2)
0	0
0	0
0	0
0	0
0	0
0	3
0	0
0	0
3	3

Rang	Wert	Treatment
8	0	T1
8	0	T1
8	0	T1
8	0	T1
8	0	T1
8	0	T1
8	0	T1
8	0	T1
8	0	T2
8	0	T2
8	0	T2
8	0	T2
8	0	T2
8	0	T2
8	0	T2
17	3	T2
17	3	T2
17	3	T1

$T_1 = 81$ $T_2 = 90$

Kontrolle: $T_1 + T_2 = (N_1 + N_2) * (N_1 + N_2 + 1) / 2 = 171 = (18) * (19/2) = 171$

$U_1 = 45$ $U_2 = 36$

$U = \min\{45 ; 36\} = 36$

P = 0,365 (gerichteter Test)

0,365 > 0,05 □□ H_0 auf dem 5%-Niveau beibehalten.

0,365 < 0,10 □□ H_0 auf dem 10%-Niveau beibehalten.

Ergebnis: Beim Transferbetrag von 90 Punkten liegt in der Sanktionshöhe zwischen T1 und T2 kein Unterschied vor.

Hinweis: Durchführung und kritische Werte aus Bortz/Lienert (2008: 140-150, 393-401).

Anhang 4.11: C2A100

C2A100	
N1 = 9 (T1)	N2 = 9 (T2)
0	0
0	0
0	0
0	0
0	0
0	0
0	0
0	0
0	3

Rang	Wert	Treatment
9	0	T1
9	0	T1
9	0	T1
9	0	T1
9	0	T1
9	0	T1
9	0	T1
9	0	T1
9	0	T1
9	0	T2
9	0	T2
9	0	T2
9	0	T2
9	0	T2
9	0	T2
9	0	T2
9	0	T2
18	3	T2

$T_1 = 81$ $T_2 = 90$

Kontrolle: $T_1 + T_2 = (N_1 + N_2) * (N_1 + N_2 + 1) / 2 = 171 = (18) * (19/2) = 171$

$U_1 = 45$ $U_2 = 36$

$U = \min\{45 ; 36\} = 36$

P = 0,365 (gerichteter Test)

0,365 > 0,05 □□ H_0 auf dem 5%-Niveau beibehalten.

0,365 < 0,10 □□ H_0 auf dem 10%-Niveau beibehalten.

Ergebnis: Beim Transferbetrag von 100 Punkten liegt in der Sanktionshöhe zwischen T1 und T2 kein Unterschied vor.

Hinweis: Durchführung und kritische Werte aus Bortz/Lienert (2008: 140-150, 393-401).

Anhang 5: Hypothesentest zur Verteilung der Wohlfahrt

Um die Hypothese zur Wohlfahrtsverteilung zu prüfen, wird das Punkteverhältnis[26] von Empfänger und Diktator im T1 und T2 mit dem Mann-Whitney U-Test auf Unterschied geprüft:

Nullhypohese (H_0): Im Punkteverhältnis liegt zwischen T1 und T2 kein Unterschied vor.

Alternativhypothese (H_1): Das Punkteverhältnis ist im T2 höher als im T1 (gerichtete Alternativhypothese).

Signifikanzniveau: $\alpha_1 = 0{,}05$; $\alpha_2 = 0{,}10$

Punkteverhältnis	
N1 = 9 (T1)	N2 = 9 (T2)
0,139	1
0,175	1
0	0,128
1,113	0,522
0,571	0
0	0
0,4	1
0,667	1
0	0,221

Rang	Wert	Treatment
3	0	T1
3	0	T1
3	0	T1
3	0	T2
3	0	T2
6	0,128	T2
7	0,139	T1
8	0,175	T1
9	0,221	T2
10	0,4	T1
11	0,522	T2
12	0,571	T1
13	0,667	T1
15,5	1	T2
15,5	1	T2
15,5	1	T2
15,5	1	T2
18	1,113	T1

$T_1 = 77$

$T_2 = 94$

Kontrolle: $T_1 + T_2 = (N_1 + N_2) * (N_1 + N_2 + 1) / 2 = 171 = (18) * (19/2) = 171$

$U_1 = 49$ $U_2 = 32$

$U = \min\{49 ; 32\} = 32$

P = 0,245 (gerichteter Test)

0,245 > 0,05 ☐☐ H_0 auf dem 5%-Niveau beibehalten.

0,245 > 0,10 ☐☐ H_0 auf dem 10%-Niveau beibehalten.

Ergebnis: Es liegt kein Unterschied im Punkteverhältnis zwischen T1 und T2 vor.

Hinweis: Durchführung und kritische Werte aus Bortz/Lienert (2008: 140-150, 393-401).

---

[26] Berechnung siehe Abschnitt 5.3.4.

Anhang 6: Instruktionen für Treatment 1

Instruktionen

- Während des Experiments werden alle Beträge in der fiktiven Währung "Punkte" angegeben
- Das Experiment besteht aus einem Experimentdurchlauf
- In diesem Experiment spielen immer drei Teilnehmer in einer Gruppe zusammen. Jeder Teilnehmer hat in der Gruppe genau eine Rolle und heißt A, B oder C
- Welche Rolle Sie erhalten und zu welcher Gruppe Sie zugeordnet werden, wird zufällig ausgelost. Auch die Mitglieder einer Gruppe bleiben anonym, Sie werden also nie erfahren wer die Mitglieder Ihrer Gruppe sind
- Zum Ende des Experiments werden Sie gebeten einen Fragebogen auszufüllen. Ihre Antworten in diesem Fragebogen haben keinen Einfluss auf Ihre Auszahlung

Ablauf des Experimentdurchlaufs

- Falls Ihnen die Rolle A zugewiesen wurde, erhalten Sie zu Beginn des Experiments eine Anfangsausstattung von 100 Punkten
- Falls Ihnen die Rolle B zugewiesen wurde, erhalten Sie keine Anfangsausstattung
- Falls Ihnen die Rolle C zugewiesen wurde, erhalten Sie zu Beginn des Experiments eine Anfangsausstattung von 50 Punkten
- A trifft die Entscheidung, wie viele Punkte er von seiner Anfangsausstattung an B in seiner Gruppe transferieren möchte. A kann einen beliebigen Betrag zwischen 0 und 100 Punkten in Schritten von 10 Punkten (0, 10, 20, 30, …, 100) an B transferieren
- C trifft die Entscheidung, ob er Spieler A und/oder Spieler B aus seiner Gruppe Punkte abziehen möchte. Ein Punktabzug kann immer nur in Schritten von 3 Punkten (0,3,6,9,…,99) erfolgen. C kann zudem nicht mehr Punkte abziehen als der Punktestand von A und/oder der Punktestand von B erlaubt. Die abgezogenen Punkte werden dabei vernichtet, das heißt sie werden keinem Spieler gutgeschrieben
- Pro 3 Punkte, die C seinem A und/oder seinem B Spieler abzieht, wird ihm selbst ein Punkt von seiner Anfangsausstattung abgezogen (siehe Tabelle im Anhang)

Entscheidungen während des Experimentdurchlaufs:

Rolle A:

- Wenn Ihnen die Rolle A zugewiesen wurde, treffen Sie zuerst 1) eine **Einschätzung** und anschließend 2) eine **Entscheidung**

1) Zuerst werden Sie gebeten, das Verhalten von C **einzuschätzen**. In der Eingabemaske sehen Sie hierfür eine Tabelle. Die Spalten der Tabelle stehen für Ihre möglichen Entscheidungen, zwischen 0 und 100 Punkten an B zu transferieren. Bitte geben Sie für alle möglichen Transferbeträge ihre persönliche Einschätzung darüber ab, wie viele Punkte Ihnen C abziehen wird, wenn Sie genau diesen Betrag an B transferieren würden. Diese Einschätzung wird keinem der anderen Mitspieler mitgeteilt

2) Danach **entscheiden** Sie, wie viele Punkte zwischen 0 und 100 Punkten (in Schritten von 10) Sie an B transferieren möchten

Rolle B:

- Wenn Ihnen die Rolle B zugewiesen wurde, treffen Sie eine **Einschätzung**

- Sie werden gebeten, das Verhalten von C **einzuschätzen**. In der Eingabemaske sehen Sie hierfür eine Tabelle. Die Spalten der Tabelle stehen für alle möglichen Entscheidungen von A, Ihnen zwischen 0 und 100 Punkten zu transferieren. Bitte geben Sie für alle möglichen Transferbeträge ihre persönliche Einschätzung darüber ab, wie viele Punkte C dem Spieler A abziehen würde, wenn A genau diesen Betrag an Sie transferieren würde. Diese Einschätzung wird keinem der anderen Mitspieler mitgeteilt

Rolle C:

- Wenn Ihnen die Rolle C zugewiesen wurde, treffen Sie eine **Entscheidung**

- In der Eingabemaske sehen Sie hierfür eine Tabelle. Die Spalten der Tabelle stehen für alle möglichen Entscheidungen von A, dem Spieler B zwischen 0 und 100 Punkten zu transferieren. Bitte **entscheiden** Sie für alle möglichen Transferbeträge, wie viele Punkte in Schritten von 3 Sie dem Spieler A und/oder dem Spieler B abziehen werden, wenn A genau diesen Betrag an B transferieren wird

- Pro 3 Punkte, die Sie Ihrem Spieler A und/oder Ihrem Spieler B abziehen, wird von Ihrer Anfangsausstattung ein Punkt abgezogen

- Bitte beachten Sie, dass die von Spieler A und/oder Spieler B abgezogenen Punkte vernichtet und somit keinem Spieler gutgeschrieben werden

Auszahlungen:

Rolle A:

Auszahlung = Anfangsausstattung von 100 Punkten - möglicher Transfer an B – möglicher Punktabzug von C

Rolle B:

Auszahlung = möglicher Transfer von A - möglicher Punktabzug von C

Rolle C:

Auszahlung = Anfangsausstattung von 50 Punkten - mögliche Verminderung des eigenen Punktestands (1 Punkt pro je 3 Punkten, die A und/oder B abgezogen wurden)

Die Entscheidungen der Mitglieder in Ihrer Gruppe werden Ihnen zum Ende des Experiments angezeigt.

Am Ende des Experiments wird Ihre Auszahlung zu einem Wechselkurs von 0,15 Euro pro Punkt umgetauscht und zusammen mit einer Show-Up Fee von 2,50 Euro bar an Sie ausbezahlt.

Bitte beachten Sie:

- Es ist keine Kommunikation gestattet.
- Alle Handys müssen während der kompletten Experimentdauer ausgeschaltet sein.
- Sämtliche Entscheidungen, die Sie im Rahmen dieses Experiments treffen, erfolgen anonym, d.h. keiner der anderen Teilnehmer erfährt die Identität desjenigen, der eine bestimmte Entscheidung getroffen hat.
- Auch die Auszahlung erfolgt anonym, d.h. kein Teilnehmer erfährt, wie hoch die Auszahlung eines anderen Teilnehmers ist.
- Bitte bleiben Sie bis zum Ende des Experiments an Ihrem Platz sitzen, Sie werden zur Auszahlung mittels der Ihnen zugeordneten Platznummer aufgerufen.

Viel Erfolg

Anhang:

Punktabzug bei A oder B	Dadurch verursachter Punktabzug bei C	Punktabzug bei A oder B	Dadurch verursachter Punktabzug bei C
0	0	63	21
3	1	66	22
6	2	69	23
9	3	72	24
12	4	75	25
15	5	78	26
18	6	81	27
21	7	84	28
24	8	87	29
27	9	90	30
30	10	93	31
33	11	96	32
36	12	99	33
39	13		
42	14		
45	15		
48	16		
51	17		
54	18		
57	19		
60	20		

Anhang 7: Instruktionen für Treatment 2

Instruktionen

- Während des Experiments werden alle Beträge in der fiktiven Währung "Punkte" angegeben
- Das Experiment besteht aus einem Experimentdurchlauf
- In diesem Experiment spielen immer drei Teilnehmer in einer Gruppe zusammen. Jeder Teilnehmer hat in der Gruppe genau eine Rolle und heißt A, B oder C
- Welche Rolle Sie erhalten und zu welcher Gruppe Sie zugeordnet werden, wird zufällig ausgelost. Auch die Mitglieder einer Gruppe bleiben anonym, Sie werden also nie erfahren wer die Mitglieder Ihrer Gruppe sind
- Zum Ende des Experiments werden Sie gebeten einen Fragebogen auszufüllen. Ihre Antworten in diesem Fragebogen haben keinen Einfluss auf Ihre Auszahlung

Ablauf des Experimentdurchlaufs

- Falls Ihnen die Rolle A zugewiesen wurde, erhalten Sie zu Beginn des Experiments eine Anfangsausstattung von 100 Punkten
- Falls Ihnen die Rolle B zugewiesen wurde, erhalten Sie keine Anfangsausstattung
- Falls Ihnen die Rolle C zugewiesen wurde, erhalten Sie zu Beginn des Experiments eine Anfangsausstattung von 50 Punkten
- A trifft die Entscheidung, wie viele Punkte er von seiner Anfangsausstattung an B in seiner Gruppe transferieren möchte. A kann einen beliebigen Betrag zwischen 0 und 100 Punkten in Schritten von 10 Punkten (0, 10, 20, 30, ..., 100) an B transferieren
- C trifft die Entscheidung, ob er Spieler A und/oder Spieler B Spieler aus seiner Gruppe Punkte abziehen möchte. Ein Punktabzug kann immer nur in Schritten von 3 Punkten (0,3,6,9,...,99) erfolgen. C kann zudem nicht mehr Punkte abziehen als der Punktestand von A und/oder der Punktestand von B erlaubt. Die abgezogenen Punkte werden dabei vernichtet, das heißt sie werden keinem Spieler gutgeschrieben
- Pro 3 Punkte, die C seinem A Spieler und/oder seinem B Spieler abzieht, wird ihm selbst ein Punkt von seiner Anfangsausstattung abgezogen (siehe Tabelle im Anhang)
- Bevor A eine Entscheidung trifft, erhält er Informationen darüber, welchen Transferbetrag von A an B alle Spieler C in diesem Raum im Durchschnitt für

angemessen halten. Bitte beachten Sie, dass dieser angezeigte angemessene Transferbetrag lediglich ein Meinungsbild von allen Spielern C in diesem Raum widerspiegelt

Entscheidungen während des Experimentdurchlaufs:

Rolle A:

- Wenn Ihnen die Rolle A zugewiesen wurde, treffen Sie zuerst 1) eine **Einschätzung** und anschließend 2) eine **Entscheidung**

1) Zuerst werden Sie gebeten, das Verhalten von C **einzuschätzen**. In der Eingabemaske sehen Sie hierfür eine Tabelle. Die Spalten der Tabelle stehen für Ihre möglichen Entscheidungen, zwischen 0 und 100 Punkten an B zu transferieren. Bitte geben Sie für alle möglichen Transferbeträge ihre persönliche Einschätzung darüber ab, wie viele Punkte Ihnen C abziehen würde, wenn Sie genau diesen Betrag an B transferieren würden. Diese Einschätzung wird keinem der anderen Mitspieler mitgeteilt

2) Danach erhalten Sie Informationen darüber, welchen Transferbetrag an B alle Spieler C in diesem Raum im Durchschnitt für angemessen halten. Bitte beachten Sie, dass dieser angezeigte angemessene Transferbetrag lediglich ein Meinungsbild von allen Spielern C in diesem Raum widerspiegelt

Nun **entscheiden** Sie, wie viele Punkte zwischen 0 und 100 Punkten (in Schritten von 10) Sie an B transferieren möchten.

Rolle B:

- Wenn Ihnen die Rolle B zugewiesen wurde, treffen Sie eine **Einschätzung**
- Sie werden gebeten, das Verhalten von C **einzuschätzen**. In der Eingabemaske sehen Sie hierfür eine Tabelle. Die Spalten der Tabelle stehen für alle möglichen Entscheidungen von A, Ihnen zwischen 0 und 100 Punkten zu transferieren. Bitte geben Sie für alle möglichen Transferbeträge ihre persönliche Einschätzung darüber ab, wie viele Punkte C dem Spieler A abziehen würde, wenn A genau diesen Betrag an Sie transferieren würde. Diese Einschätzung wird keinem der anderen Mitspieler mitgeteilt

Rolle C:
- Wenn Ihnen die Rolle C zugewiesen wurde, äußern Sie 1) eine **Meinung** und treffen danach 2) eine **Entscheidung**

1) In der ersten Eingabemaske geben Sie Ihre **Meinung** darüber ab, welchen Transferbetrag von A an B Sie für angemessen halten. Von allen geäußerten Meinungen der Spieler C in diesem Raum über den angemessenen Transferbetrag, wird der Durchschnitt berechnet. Dieser Durchschnittsbetrag wird jedem Spieler A und jedem Spieler C in diesem Raum vor Eingabe ihrer Entscheidungen angezeigt. Bitte beachten Sie, dass dieser angezeigte angemessene durchschnittliche Transferbetrag lediglich ein Meinungsbild von allen Spielern C in diesem Raum widerspiegelt

2) In der zweiten Eingabemaske treffen Sie Ihre **Entscheidung** und sehen hierzu eine Tabelle. Die Spalten der Tabelle stehen für alle möglichen Entscheidungen von A, dem Spieler B zwischen 0 und 100 Punkten zu transferieren. Bitte **entscheiden** Sie für alle möglichen Transferbeträge, wie viele Punkte in Schritten von 3 Sie dem Spieler A und/oder dem Spieler B abziehen werden, wenn der Spieler A genau diesen Betrag an B transferieren wird

Pro 3 Punkte, die Sie Ihrem Spieler A und/oder Ihrem Spieler B abziehen, wird von Ihrer Anfangsausstattung ein Punkt abgezogen.

Bitte beachten Sie, dass die von Spieler A und/oder Spieler B abgezogenen Punkte vernichtet und somit keinem Spieler gutgeschrieben werden.

3

Auszahlungen:

Rolle A:

Auszahlung = Anfangsausstattung von 100 Punkten - möglicher Transfer an B - möglicher Punktabzug von C

Rolle B:

Auszahlung = möglicher Transfer von A - möglicher Punktabzug von C

Rolle C:

Auszahlung = Anfangsausstattung von 50 Punkten - mögliche Verminderung des eigenen Punktestands (1 Punkt pro je 3 Punkten, die A und/oder B abgezogen wurden)

Die Entscheidungen der Mitspieler in Ihrer Gruppe werden Ihnen zum Ende des Experiments angezeigt.

Am Ende des Experiments wird Ihre Auszahlung zu einem Wechselkurs von 0,15 Euro pro Punkt umgetauscht und zusammen mit einer Show-Up Fee von 2,50 Euro bar an Sie ausbezahlt.

Bitte beachten Sie:

- Es ist keine Kommunikation gestattet.
- Alle Handys müssen während der kompletten Experimentdauer ausgeschaltet sein.
- Sämtliche Entscheidungen, die Sie im Rahmen dieses Experiments treffen, erfolgen anonym, d.h. keiner der anderen Teilnehmer erfährt die Identität desjenigen, der eine bestimmte Entscheidung getroffen hat.
- Auch die Auszahlung erfolgt anonym, d.h. kein Teilnehmer erfährt, wie hoch die Auszahlung eines anderen Teilnehmers ist.
- Bitte bleiben Sie bis zum Ende des Experiments an Ihrem Platz sitzen, Sie werden zur Auszahlung mittels der Ihnen zugeordneten Platznummer aufgerufen.

Viel Erfolg!

Anhang:

Punktabzug bei A oder B	Dadurch verursachter Punktabzug bei C	Punktabzug bei A oder B	Dadurch verursachter Punktabzug bei C
0	0	63	21
3	1	66	22
6	2	69	23
9	3	72	24
12	4	75	25
15	5	78	26
18	6	81	27
21	7	84	28
24	8	87	29
27	9	90	30
30	10	93	31
33	11	96	32
36	12	99	33
39	13		
42	14		
45	15		
48	16		
51	17		
54	18		
57	19		
60	20		

Anhang 8: Vollständige Variablenübersicht

Variablen-nummer	Variablenname	Anzahl der Beobachtungen	Mittelwert	Standard-abweichung	Minimal	Maximal
1	id	18	9,5	5,34	1	18
2	session	18	1,5	0,51	1	2
3	PunkteA	18	63,11	23,69	30	100
4	PunkteB	18	21,06	19,06	0	50
5	PunkteC	18	44,72	6,24	30	50
6	PunkteGruppe	18	128,89	24,95	70	150
7	A2B	18	22,22	19,87	0	50
8	C2A	18	14,67	18,38	0	60
9	C2B	18	1,17	2,33	0	6
10	NormC	9	38,1	18,96	0	50
11	BeliefC	9	16,56	12,32	0	30
12	A0	18	34,17	33,68	0	99
13	A10	18	31,83	28,24	0	90
14	A20	18	28,5	24,49	0	78
15	A30	18	22,00	18,03	0	51
16	A40	18	17,67	14,69	0	42
17	A50	18	12,50	14,38	0	36
18	A60	18	11,50	12,27	0	30
19	A70	18	10,00	10,74	0	30
20	A80	18	5,17	6,07	0	18
21	A90	18	2,50	3,60	0	9
22	A100	18	0	0	0	0
23	B0	18	46,00	35,69	0	99
24	B10	18	44,50	31,59	0	90
25	B20	18	37,67	27,96	0	78
26	B30	18	32,00	25,29	0	69
27	B40	18	26,17	23,14	0	60
28	B50	18	18,67	19,89	0	48
29	B60	18	14,67	15,47	0	39
30	B70	18	11,17	11,99	0	30
31	B80	18	6,83	7,41	0	18
32	B90	18	2,83	3,49	0	9
33	B100	18	0	0	0	0
34	C2A0	18	22,83	28,83	0	81
35	C2A10	18	21,83	24,97	0	78
36	C2A20	18	14,83	17,17	0	51
37	C2A30	18	11,17	12,12	0	39
38	C2A40	18	8,50	12,19	0	42
39	C2A50	18	3,83	6,57	0	18
40	C2A60	18	2,83	4,77	0	18
41	C2A70	18	2,17	4,91	0	18
42	C2A80	18	1,67	4,63	0	18
43	C2A90	18	0,50	1,15	0	3
44	C2A100	18	0	0	0	0
45	C2B0	18	0	0	0	0

46	C2B10	18	0,67	1,64	0	6
47	C2B20	18	1,33	4,27	0	18
48	C2B30	18	2,17	4,09	0	15
49	C2B40	18	3,33	5,90	0	21
50	C2B50	18	3,83	6,65	0	21
51	C2B60	18	6,67	10,42	0	39
52	C2B70	18	10,33	12,78	0	39
53	C2B80	18	14,67	19,63	0	60
54	C2B90	18	16,33	22,38	0	78
55	C2B100	18	22,00	29,81	0	84

Tabelle 8: Vollständige Variablenübersicht.

Tabelle 8 zeigt die vollständige Variablenübersicht aus dem Datensatz. PunkteA, PunkteB, und PunkteC (Endpunktestand der Spieler A,B und C); A2B, C2A und C2B (Transfer des Diktators, Punktabzug bei A und B); NormC, BeliefC (von der Drittpartei angegebener angemessener und erwarteter Transfer, wurde nur im T2 erhoben); A0 bis A100 (vom Diktator bei sich erwarteter Punktabzug für alle möglichen Transferbeträge); B0 bis B100 (vom Empfänger beim Diktator erwarteter Punktabzug für alle möglichen Transferbeträge); C2A0 bis C2A100 (strategischer Punktabzug beim Diktator für alle möglichen Transferbeträge); C2B0 bis C2B100 (strategischer Punktabzug beim Empfänger für alle möglichen Transferbeträge).

Anhang 9: Bildschirmansicht des Experiments

Die nachfolgenden Bildschirmausschnitte zeigen die Eingabe- und Informationsmasken des Experiments.

T1: Schritt 1 – Begrüßung (alle Spieler)

Willkommen im BaERLab.

Das Experiment beginnt, sobald jeder Teilnehmer auf "Start" gedrückt hat.

START

T1: Schritt 2 – Kontrollfragebogen (alle Spieler)

T1: Schritt 3 – Eingabe der Einschätzung (Diktator)

T1: Schritt 3 – Eingabe der Einschätzung (Empfänger)

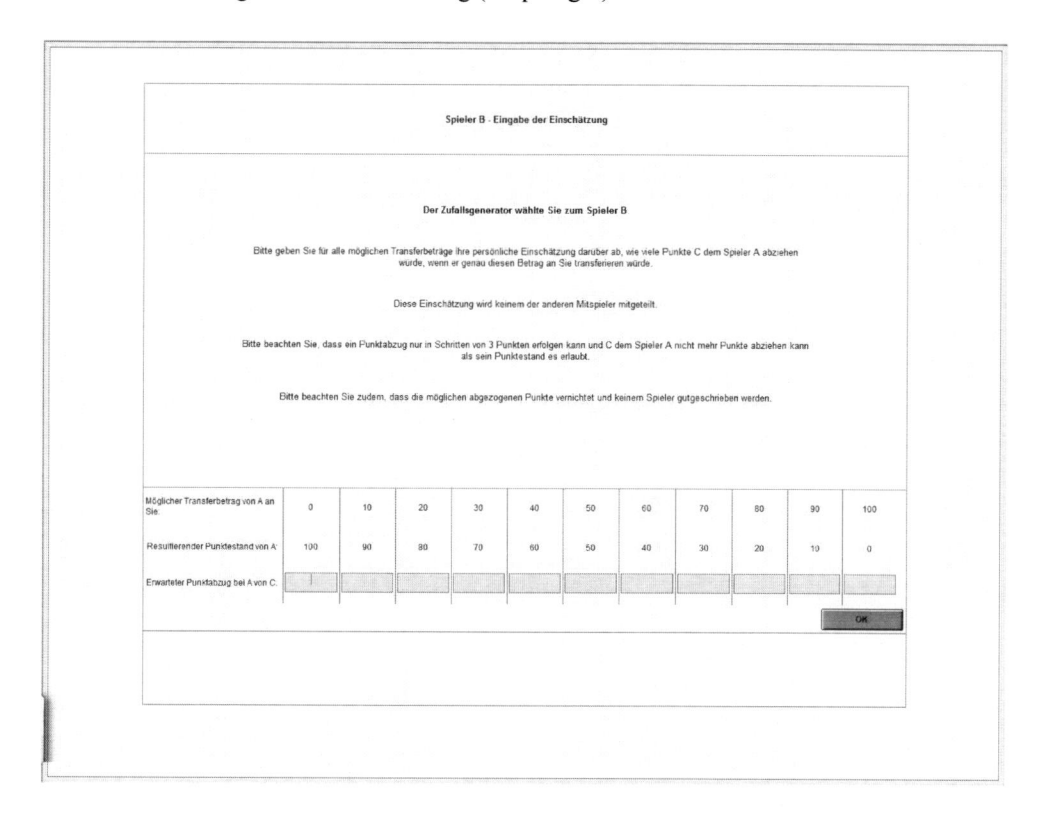

Spieler B - Eingabe der Einschätzung

Der Zufallsgenerator wählte Sie zum Spieler B

Bitte geben Sie für alle möglichen Transferbeträge Ihre persönliche Einschätzung darüber ab, wie viele Punkte C dem Spieler A abziehen würde, wenn er genau diesen Betrag an Sie transferieren würde.

Diese Einschätzung wird keinem der anderen Mitspieler mitgeteilt.

Bitte beachten Sie, dass ein Punktabzug nur in Schritten von 3 Punkten erfolgen kann und C dem Spieler A nicht mehr Punkte abziehen kann als sein Punktestand es erlaubt.

Bitte beachten Sie zudem, dass die möglichen abgezogenen Punkte vernichtet und keinem Spieler gutgeschrieben werden.

Möglicher Transferbetrag von A an Sie:	0	10	20	30	40	50	60	70	80	90	100
Resultierender Punktestand von A:	100	90	80	70	60	50	40	30	20	10	0
Erwarteter Punktabzug bei A von C:											

OK

T1: Schritt 3 – Eingabe der strategischen Entscheidung (Drittpartei)

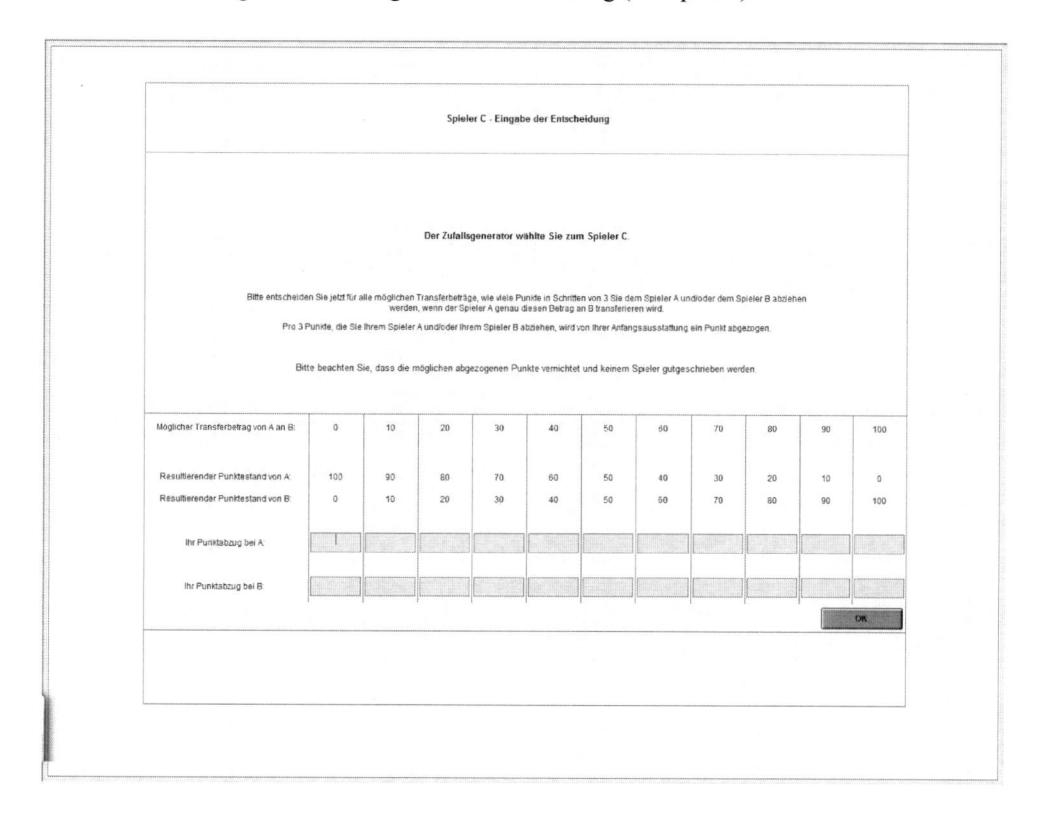

Spieler C - Eingabe der Entscheidung

Der Zufallsgenerator wählte Sie zum Spieler C.

Bitte entscheiden Sie jetzt für alle möglichen Transferbeträge, wie viele Punkte in Schritten von 3 Sie dem Spieler A und/oder dem Spieler B abziehen werden, wenn der Spieler A genau diesen Betrag an B transferieren wird.

Pro 3 Punkte, die Sie Ihrem Spieler A und/oder Ihrem Spieler B abziehen, wird von Ihrer Anfangsausstattung ein Punkt abgezogen.

Bitte beachten Sie, dass die möglichen abgezogenen Punkte vernichtet und keinem Spieler gutgeschrieben werden.

Möglicher Transferbetrag von A an B:	0	10	20	30	40	50	60	70	80	90	100
Resultierender Punktestand von A:	100	90	80	70	60	50	40	30	20	10	0
Resultierender Punktestand von B:	0	10	20	30	40	50	60	70	80	90	100
Ihr Punktabzug bei A:											
Ihr Punktabzug bei B:											

OK

T1: Schritt 4 – Eingabe der Entscheidung (Diktator)

Spieler A - Entscheidung

Sie haben eine Anfangsausstattung von **100 Punkten** erhalten.

Bitte entscheiden Sie jetzt, wie viele Punkte Sie an Spieler B transferieren wollen (in Schritten von 10 Punkten).

Ihr Transfer: [ ]

[Weiter]

T1: Schritt 4 – Wartebildschirm (Empfänger)

Sie sind Spieler B

Spieler A aus Ihrer Gruppe trifft jetzt seine Entscheidung. Sie können zum nächsten Schritt fortfahren.

[Weiter]

T1: Schritt 4 – Wartebildschirm (Drittpartei)

> Sie sind Spieler C
>
> Spieler A aus Ihrer Gruppe trifft jetzt seine Entscheidung. Sie können zum nächsten Schritt fortfahren.
>
> [Weiter]

T1: Schritt 5 – Ergebnis des Experiments (alle Spieler)

> Ergebnis des Experiments (Sie waren Spieler A)
>
> Sie haben 0 Punkte an B transferiert.
>
> C hat 0 Punkte aufgewendet, um Ihnen 0 Punkte abzuziehen.
>
> C hat 0 Punkte aufgewendet, um B 0 Punkte abzuziehen.
>
> Ihr Punktestand am Ende des Experiments beträgt **100 Punkte**.
> Sie erhalten im Anschluss an das Experiment eine Auszahlung (inklusive Show-Up Fee) von **17.50 Euro**.
>
> Bitte beantworten Sie jetzt den abschließenden Fragebogen.
>
> [Weiter zum Fragebogen]

T1: Schritt 6 – Fragebogen (alle Spieler)

T2: Schritt 1 – Begrüßung (alle Spieler)

T2: Schritt 2 – Kontrollfragen (alle Spieler)

T2: Schritt 3 – Eingabe der Einschätzung (Diktator)

T2: Schritt 3 – Eingabe der Einschätzung (Empfänger)

T2: Schritt 3 – Eingabe der Meinung (Drittpartei)

T2: Schritt 4 – Eingabe der Entscheidung (Diktator)

Spieler A - Entscheidung

Sie haben eine Anfangsausstattung von **100 Punkten** erhalten.

Hinweis: Das Meinungsbild von allen im Raum anwesenden Spielern C hat ergeben, dass ein durchschnittlicher Transferbetrag von **0 Punkten** als angemessen erachtet wird.

Diese Information erhält auch Spieler C aus Ihrer Gruppe vor seiner Entscheidung.

Bitte beachten Sie, dass dieser angezeigte angemessene Durchschnittsbetrag lediglich ein Meinungsbild von allen Spielern C in diesem Raum widerspiegelt.

Bitte entscheiden Sie jetzt, wie viele Punkte Sie an Spieler B transferieren wollen (in Schritten von 10 Punkten).

Ihr Transfer: [   ]

[Weiter]

T2: Schritt 4 – Wartebildschirm (Empfänger)

Sie sind Spieler B

Spieler A und C aus Ihrer Gruppe treffen jetzt ihre jeweiligen Entscheidungen. Sie können zum nächsten Schritt fortfahren.

[Weiter]

T2: Schritt 4 – Eingabe der strategischen Entscheidung (Drittpartei)

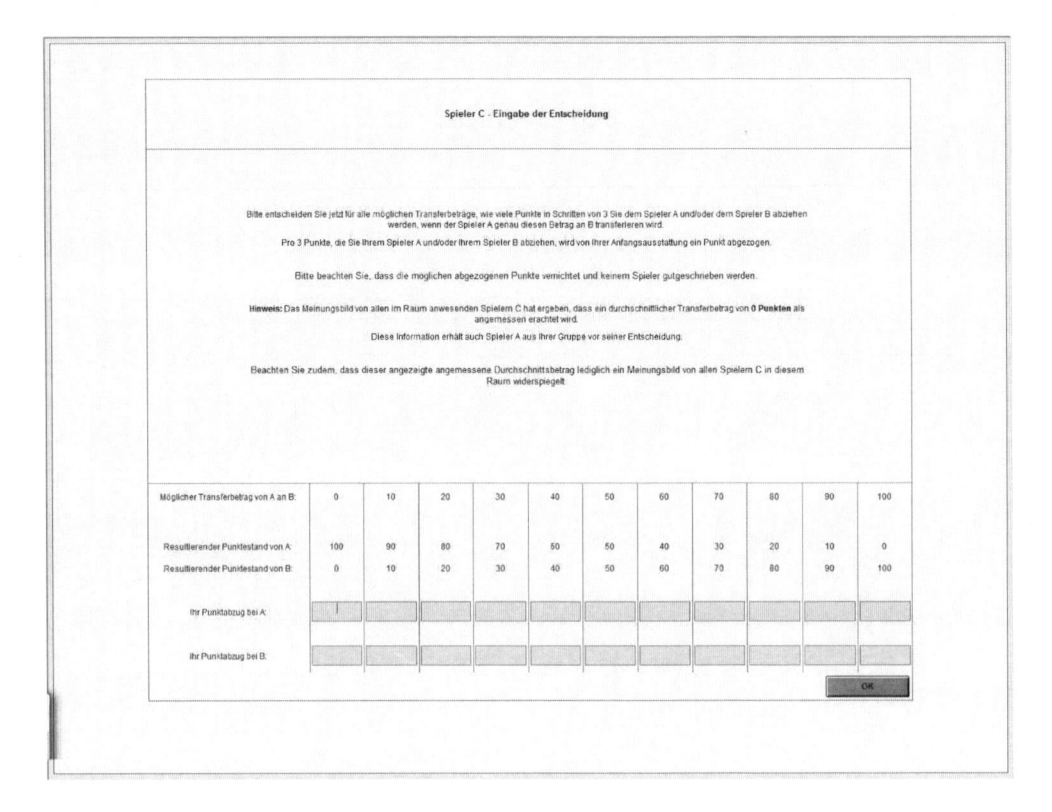

T2: Schritt 5 – Ergebnis des Experiments (alle Spieler)

T2: Schritt 6 – Fragebogen (alle Spieler)

Persönliche Informationen:

Alter: [____]

Geschlecht:
- ○ Weiblich
- ○ Männlich

Haben Sie schon einmal an einem Experiment teilgenommen?
- ○ Ja
- ○ Nein

Welche Einwohnerzahl hat die Stadt, in der Sie derzeit leben ungefähr?
- ○ weniger als 10.000 Einwohner
- ○ 10.000 bis 50.000 Einwohner
- ○ 50.000 bis 150.000 Einwohner
- ○ mehr als 150.000 Einwohner

In welchem Studiengang sind Sie eingeschrieben? [____]

In welchem Semester sind Sie? [____]

Bitte beantworten Sie noch folgende Fragen:

	trifft zu		egal		trifft nicht zu
Wenn jemand mich unfair behandelt, dann behandel ich ihn auch unfair.	○	○	○	○	○
Wenn mich jemand schlecht behandelt, den ich sonst als sehr freundlich kenne, dann behandel ich ihn auch schlecht.	○	○	○	○	○
Ich bin zufrieden, wenn ich einen fairen Anteil an der Gesamtauszahlung erhalte. Die Auszahlungen der anderen Mitspieler interessieren mich nicht.	○	○	○	○	○
Ich würde einen Teil meines Einkommens opfern, um Einkommensunterschiede zwischen mir und meinen Mitspielern zu reduzieren.	○	○	○	○	○
Ich fühle mich gut, wenn ich spende.	○	○	○	○	○
Wenn mich jemand gut behandelt, den ich sonst als schlechten Mensch kenne, dann behandel ich ihn auch gut.	○	○	○	○	○

Bitte teilen Sie uns mit, welche Überlegungen zu Ihrer Entscheidung im Experiment geführt haben?

[_____]

Sonstiger Kommentar (Verständlichkeit der Instruktionen, Ablauf des Experiments, etc.)

[_____]

[Experiment beenden]